5가지 사과의 언어

THE FIVE LANGUAGES OF APOLOGY
by Dr. Gary Chapman and Dr. Jennifer Thomas

This book was first published in the United States by Northfield Publishing,
820 N. LaSalle Blvd., Chicago, Illinois, 60610, with the title
The Five Languages of Apology
Copyright © 2006 by Gary Chapman and Jennifer Thomas.
All rights reserved.

Korean Edition published by Word of Life Press, Seoul 2007, 2012
Translated and published by permission.
Printed in Korea.

5가지 사과의 언어

ⓒ 생명의말씀사 2007, 2012

2007년 7월 15일 1판 1쇄 발행
2007년 8월 5일   4쇄 발행
2012년 10월 30일 2판 1쇄 발행
2025년 2월 7일   8쇄 발행

펴낸이 | 김창영
펴낸곳 | 생명의말씀사

등록 | 1962. 1. 10. No.300-1962-1
주소 | 서울시 종로구 경희궁1길 6(03176)
전화 | 02)738-6555(본사) · 02)3159-7979(영업)
팩스 | 02)739-3824(본사) · 080-022-8585(영업)

기획편집 | 정순화
디자인 | 최윤창
인쇄 | 영진문원
제본 | 다온바인텍

ISBN 978-89-04-16405-9 (03230)

저작권자의 허락없이 이 책의 일부 또는 전체를
무단 복제, 전재, 발췌하면 저작권법에 의해 처벌을 받습니다.

5가지 사과의 언어

게리 채프먼 | 제니퍼 토머스 지음

김태곤 옮김

당신의 사과가
전달되게 하라!

생명의말씀사

차례

🍎 **머리말**

🍎 **Part_1 5가지 사과의 언어**

    Chapter 1 왜 사과해야 할까? … **12**

    Chapter 2 사과의 언어 no.1 미안해 – 유감 표명 … **17**

    Chapter 3 사과의 언어 no.2 내가 잘못했어 – 책임 인정 … **27**

    Chapter 4 사과의 언어 no.3 어떻게 하면 좋을까? – 보상 … **43**

    Chapter 5 사과의 언어 no.4 다신 안 그럴게 – 진실한 뉘우침 … **56**

    Chapter 6 사과의 언어 no.5 날 용서해줄래? – 용서 요청 … **74**

Part_2 나의 사과의 언어 찾기

Chapter 7 사과의 언어 찾기 … 88

Chapter 8 사과는 선택이다 … 102

Chapter 9 용서하는 법 배우기 … 120

Part_3 사과의 언어 실천하기

Chapter 10 가정에서 사과하기 … 138

Chapter 11 자녀에게 사과 가르치기 … 159

Chapter 12 데이트 관계에서 사과하기 … 179

Chapter 13 일터에서 사과하기 … 189

Chapter 14 자신에게 사과하기 … 202

마치는 말

부록 나의 사과의 언어 찾기 설문 … 220

주 … 234

머리말

부부생활 세미나가 열리기 조금 전, 진이 내게로 와서 자신을 소개했다. "채프먼 박사님, 남편과 저는 캘리포니아에서 왔어요. 이곳에 참석하게 돼서 너무 기쁩니다. 혹시 이번 세미나에서 사과의 중요성에 대해서도 다루실 건가요?"

"그것은 매우 흥미로운 주제죠. 그런데 왜 그런 질문을 하시죠?"

"남편은 '미안해'라는 말을 늘 하지만, 저는 그것이 사과로 느껴지지 않아서요."

"그러면 남편이 무슨 말이나 행동을 해 주길 원하세요?"

"나는 남편이 잘못을 시인하고 내게 용서를 구하길 원해요. 또한 다시는 그런 일을 반복하지 않겠다고 약속해 줬으면 좋겠어요."

내가 미소를 지으며 말했다. "이 시간을 함께하게 되어 기쁘네요. 사실 요즘 저는 '사과'에 대해 연구 중이거든요."

"정말요?" 그녀의 눈에는 흥미가 가득했다.

"네. 어떤 사람에게는 사과로 받아들여지는 것이 다른 사람에게는 그렇지 않을 수도 있죠. 방금 당신이 그 점을 설명하셨어요. 아마 당신의 남편에게는 '미안해'라는 말이 진심어린 사과였겠지만, 당신은 그걸 사과로 받아들이지 않는 거겠죠."

"맞아요. 단지 '미안해'라는 말만으로는 부족해요. 뭐가 미안하다는 건지도 모르겠구요."

"나중에 설문지를 나눠드릴 테니 남편과 함께 작성해 보세요. 나는 남편들과 아내들이 각기 다른 사과 개념을 가진 경우가 얼마나 흔한지를 밝혀 보려고 해요. 두 분의 설명도 내게 많은 도움이 될 겁니다."

그 대화를 통해서, 연구를 계속해야겠다는 확신이 더 강해졌다. 또한 나는 18개월 전에 제니퍼 토머스 박사가 내 사무실에서 사람들이 사용하는 '사과의 언어'에 대한 자신의 견해를 피력했던 것도 기억났다. "박사님이 쓴 『5가지 사랑의 언어』를 읽었어요. 그 책은 남편과의 관계에 큰 도움을 주었답니다." 그녀는 자신이 다른 부부들을 상담할 때도 그 개념을 활용한다고 덧붙였다.

"우리들 각자는 중요하게 생각하는 사랑의 언어를 갖고 있으며 그 언어가 사용되지 않으면 사랑받는다는 느낌을 갖지 못한다는 개념은, 상담을 받으러 온 많은 사람들의 눈을 뜨게 해주었어요. 나는 그들이 상대방의 사랑의 언어로 말하는 법을 배우는 것을 보았고, 그래서 그들의 결혼생활이 나아지는 것도 보았답니다. 그것은 서로의 사랑 탱크를 채우는 법을 배우게 하는 데 매우 실제적인 도구예요." '인정하는 말'을 사랑의 언어로 삼고 있는 나로서는 제니퍼의 찬사를 즐기고 있었지만, 그 다음에 이어지는 말에는 준비되어 있지 않았다.

"내 생각에 사람들의 사과 방법도 다르다고 봐요. 어떤 사람은 진정한 사과로 여기지만 어떤 사람은 그렇지 못한 경우가 많죠. 본질상, 그들은 서로 다른 사과의 언어를 갖고 있는 것이지요. 나는 상담 과정에서 이런 경우를 많이 봐요. 그들은 '배우자가 사과하기만 한다면…'이라고 말하지만, 배우자는 '난 사과했어'라고 말하죠. 그러면 그들은 '아니야, 당신은 사과하지 않았어. 당신은 자신의 잘못을 결코 인정하지 않았어'라고 말해요. 결국 사과하는 게 무슨 뜻인지에 관해 논쟁을 벌이게 되죠. 아마도 생각이 서로 다른 게 분명해요."

나는 곧바로 그 개념에 호기심이 쏠렸다. 나는 그와 유사한 행동을 보이는 부부들을 많이 보아왔다. 그들은 서로 연결점을 찾지 못하고 있었다. 사과를 해도 용서와 화해가 이루어지지 않았다. 또한 나의 결혼생활에서도, 캐롤린이 사과했을 때 나는 그것을 미약하게 여겼던 경우와 내가 사과했을 때 아내가 그것을 무성의하다고 느껴 용서하기 힘들어했던 경우들이 많았다.

2년 후, 많은 연구를 거듭한 끝에, 나와 제니퍼 박사는 본서를 마무리했다. 우리의 탐구 결과, 사과와 관련하여 사람들이 서로 다른 언어를 사용한다는 사실이 분명해졌다. 결혼생활 치유 전문가로서, 우리는 설득

력 있는 사과가 결여된 사례들을 많이 본다. 우리는 효과적인 사과의 결여가 오늘날의 결혼생활 붕괴의 핵심요인일 수 있다고 믿는다. 사과와 관련하여 쉽게 활용할 수 있는 좋은 자료들이 있다. 하지만 우리가 알기로, 본서는 사과 내용을 사과 받는 자의 구체적인 필요(또는 언어)에 맞추도록 돕기 위한 최초의 시도이다.

제니퍼와 나는 본서의 기초가 되는 탐구 자료를 수집하고 분석하는 일에 협력해 왔다. 명쾌함과 연속성을 위해, 내(게리)가 책을 쓰고 제니퍼는 우리의 탐구를 통해 얻은 개념에 해당하는 사례들과 전문상담가로서의 자신의 경험을 준비하기로 의견을 모았다. 본문에서 그녀에게서 나온 자료들을 분명히 명시했다. 우리는 본서의 메시지가 관계 개선을 위해 큰 잠재력을 발휘한다고 믿으며, 또한 이 메시지를 전하려고 노력하는 과정에서 함께 뛰는 두 사람의 가슴과 하나의 목소리를 독자가 들을 수 있기를 바란다.

본서의 전반부에서, 우리는 5가지 사과의 언어들을 정의하고 설명할 것이다. 후반부에서는 어떻게 이 개념이 결혼, 양육, 가정, 데이트, 그리고 일터에서의 관계를 증진시킬 수 있는지를 구체적으로 보여줄 것이다. 끝으로, 실현 가능성이 희박한 사항이긴 하지만, '우리 모두가 제대로 사과할 줄 안다면?' 이라는 내용으로 본서를 마무리할 것이다.

THE FIVE
LANGUAGES
OF APOLOGY

Part 1

5가지 사과의 언어

1. 왜 사과해야 할까?
2. 사과의 언어 no. 1 / 미안해
3. 사과의 언어 no. 2 / 내가 잘못했어
4. 사과의 언어 no. 3 / 어떻게 하면 좋을까?
5. 사과의 언어 no. 4 / 다신 안 그럴게
6. 사과의 언어 no. 5 / 날 용서해줄래?

chapter 1
왜 사과해야 할까?

 에스키모의 경우에는, 어떤 사람이 고된 여행 중에 음식이 떨어졌다면, 아무 이글루에나 들어가서 무엇이든 먹어도 괜찮다. 그러나 대부분의 문화권에서는, 주인 없는 집에 들어가는 것만으로도 주거침입죄로 처벌 받을 수 있다. 비록 옳고 그름의 기준이 문화별로 다르며 때로는 같은 문화권 내에서도 다르긴 하지만, 모든 사람들은 나름대로 옳고 그름에 대한 판단을 지니고 있다.
 때문에 자신이 옳다고 여기는 일이 무시당하면, 그는 자신이 신뢰하는 것을 무시한 그 사람에게 화를 낼 것이다. 이런 행위가 두 사람 사이에 장벽으로 작용하며, 그래서 둘의 관계가 깨지게 된다. 상처 입은 자의 내면에서는 이때 공의의 심판을 요구한다. 물론 공의의 심판이 상처 입은 자에게 어느 정도 만족감을 줄 수는 있지만, 관계를 제대로 회복시켜 주지는 않는다. 예를 들어 회사에서 무엇을 훔친 종업원이 붙들려 재판을 받고서 벌금을 내거나 투옥된다면, 모두들 "공의가 이루어졌다"고 말할 것이다. 하지만 회사측에서 그 종업원을 원래 위치로 복직시키기는 힘들다. 반면에 종업원이 회사에서 무엇을 훔쳤지만 재빨리 잘못을 통감하고서 자신의 과오를 회사측에 실토하며 진심으로 후회하는 모습을 보이고 자신이 입힌 모든 손실을 갚겠다고 하면서 용서를 구한다면, 그는 회사에서 계속 근무하도록 허락받을 가능성이 있다.

　인간은 놀라운 용서 능력을 지니고 있다. 여러 해 전에 영국 코번트리를 방문한 적이 있다. 나는 제2차 세계대전 때 나치의 폭격을 당했던 한 성당의 잔해 속에 서 있었다. 폐허 옆에 세워진 새 성당에 얽힌 이야기를 안내원이 해주었다. 전쟁이 끝난 지 몇 년 후에, 한 무리의 독일인들이 와서 새 성당을 짓는 일을 도와주었다는 것이다. 동족이 입혔던 피해에 대해 뉘우치는 행위였다. 그들은 새 성당 곁에 옛 잔해를 남겨두기로 동의했다. 두 구조물은 상징적이었는데, 하나는 사람들의 비인간성을 그리고 다른 하나는 용서와 화해의 힘을 상징했다.

　종종 화해의 욕구는 공의에 대한 욕구보다 더 강력하다. 관계가 친밀할수록 화해의 욕구도 더 깊다. 남편에게 부당한 대우를 받은 아내는 상처와 분노 가운데서도 남편과의 진실한 화해를 바라게 된다. 한편으로는 남편이 잘못에 대한 대가를 지불하기 원하면서도, 또 다른 한편으로는 화해를 원하는 것이다. 이때 남편의 사과가 없다면, 그녀의 윤리의식이 공의를 요구하도록 몰아간다. 지금까지 나는 이혼을 하는 부부들의 재판 과정을 여러 차례 지켜보면서, 그들에게 진실한 사과가 있었다면 그 서글픈 결과를 바꿀 수 있었을 거라고 생각하곤 했다.

사과 없는 용서?

진정한 용서와 화해는 사과를 통해서만 가능하다. 그런데 어떤 이들은 특히 기독교계에서 사과 없는 용서를 종종 가르친다. 그들은 "너희가 사람의 과실을 용서하지 아니하면 너희 아버지께서도 너희 과실을 용서하지 아니하시리라"마 6:15는 예수님의 말씀을 인용한다. 뉘우침 없이 계속 간통을 하는 자의 아내에게 그들은, "당신은 남편을 용서해야 해요. 그렇게 하지 않으면 하나님도 당신을 용서하지 않으실 겁니다"라고 말한다. 예수님의 가르침을 그렇게 해석하면 용서에 관한 성경의 나머지 교훈들을 무시하는 셈이다. 그리스도인은 하나님이 우리를 용서하시는 것과 같은 방식으로 다른 사람들을 용서해야 한다. 하나님이 우리를 어떻게 용서하시는가? 성경은 우리가 죄를 자백하면 하나님이 우리 죄를 용서하실 거라고 한다엡 4:32; 요일 1:9 참조. 신구약 그 어디에도 죄를 자백하거나 회개하지 않는 사람을 하나님이 용서하신다는 언급은 없다.

어떤 이들은 예수님이 자신을 죽이는 자들을 용서하셨음을 상기시키면서 이 개념을 거부할 것이다. 그러나 성경이 말하는 내용은 그렇지 않다. 예수님은 "아버지여 저희를 사하여 주옵소서 자기의 하는 것을 알지 못함이니이다"눅 23:34라고 기도하셨다. 예수님은 긍휼을 그리고 자신을 죽이는 자들이 용서받는 것을 보고 싶은 심경을 피력하셨다. 하지만 그들이 용서받은 것은 자신이 하나님의 아들을 죽였음을 나중에 시인하고 회개했을 때였다행 2:22-24, 40-41 참조.

또 한 가지 용서는 용서하는 자에게 유익하다는 권면도 있다. 맞는 말이다. 하지만 그런 용서가 화해로 연결되기는 힘들다. 다만 사과를 받지 못한 경우, 그리스도인은 그 사람을 하나님의 공의에 맡기라는롬 12:19 참조 그리고 자신의 분노를 인내로 억제하고 하나님께 맡기라는[1] 권면을 받는다. 1945년에 수용소에서 나치에 의해 순교 당했던 위대한 신학자 디트리히 본회퍼는 '회개를 요구하지 않는 용서에 관한 설교'를 반박했다. 그런 용서를 가리켜 그는 "회개하는 죄인을 의롭다 하는 게 아니라 죄를 의롭다 하는… 값싼 은혜"라고 했다.[2]

우리는 사과할 때 자신의 행동에 대한 책임을 인정하며 해를 입은 사람에 대해 배상을 모색해야 한다. 진정한 사과는 용서와 화해의 가능성으로 가는 문을 연다. 그렇게 되면 우리가 관계를 계속 세워 나갈 수 있다. 사과 없이는 가해 행위가 장벽으로 자리 잡고 관계가 훼손된다. 기꺼이 사과하고 용서하며 또한 화해하는 것이 좋은 관계를 나타내는 표시인 것이다.

진정한 사과는 죄의식을 덜어주기도 한다. 자신의 행동이나 말에 상처 받은 사람에게 사과할 때, 당신은 하나님을 쳐다볼 수 있고, 거울 속에 비친 자신을 들여다볼 수 있으며, 또한 상대방의 눈을 바라볼 수 있다. 이는 당신이 완벽해서가 아니라 당신의 실패에 대한 책임을 기꺼이 받아들였기 때문이다. 우리가 어릴 적에 사과의 기술을 배웠을 수도 있고 배우지 않았을 수도 있다. 건강한 가정에서는 부모가 사과하는 법을 자녀들에게 가르치지만, 많은 자녀들이 역기능 가정에서 자라면서 사과하는 법을 배우지 못한 경우가 많다. 그러나 다행인 것은 사과의 기술이 습득될 수 있다는 것이다.

사과하는 법을 배울 수 있을까?

사과에는 다섯 가지 근본적인 측면들이 있음을 연구 과정을 통해 발견했다. 이를 우리는 5가지 사과의 언어라고 부른다. 특정한 개인에게는 이들 중 한두 가지가 다른 것들보다 더 효과적으로 작용할 수 있다. 좋은 관계를 맺는 비결은 상대방의 사과의 언어를 배우고 기꺼이 그것을 말하는 것이다. 당신이 그들의 주요 언어로 말할 때 그들은 당신을 진정으로 용서하기가 더 쉬워진다. 당신이 그들의 언어를 사용하는 데 실패하면 용서가 더 힘들어진다. 왜냐하면 그들은 당신이 진심으로 사과하고 있는지를 확신할 수 없기 때문이다.

<러브 스토리>라는 영화에는, '사랑은 미안하다는 말을 하지 않는 것이다'라는 대사가 나온다. 하지만 절대 그렇지 않다. 정반대다. 종종 사랑은 미안하다고 말함을 뜻하며, 참된 사랑은 가해자의 사과와 피해자의 용서를 포함한 것이다. 이는 관계 회복으로 나아가는 길이다. 이 모든 것은 당신이 누군가에게 해를 가할 때 적절한 사과의 언어를 말하는 법을 배움으로써 시작된다.

chapter

[사과의 언어 no.1]

미안해 - 유감 표명

2005년 4월 6일 저녁, 나는 두 개의 TV 프로그램을 번갈아가며 보고 있었다. 한 채널에서는 래리 킹이 제인 폰다와 인터뷰했다. 그녀의 책 『My Life So Far』에 관한 것이었다. 다른 채널에서는 앨런 콜메스가 올리버 노스와 인터뷰하고 있었다. 올리버 노스는 제인 폰다가 베트남 전쟁 기간에 저지른 '반역 행위'들을 지적했다.

"하지만 제인 폰다가 사과했어요"라고 앨런이 말하자, 노스는 "아뇨, 사과하지 않았어요"라고 대답했다.

"그녀는 미안하다고 말했어요"라고 앨런이 다시 말을 받았다.

"그건 사과가 아닙니다. 그녀는 '나를 용서해주시겠어요?'라고 말하지 않았어요. 단지 미안하다고 말하는 건 사과가 아니죠"라고 노스가 주장했다. 두 사람은 정치적 입장만큼이나 '사과'에 대해서도 생각이 달랐다.

사과에 있어 대부분의 사람들이 바라는 것은 신실성이다. 그들은 사과가 진심이길 원한다. 하지만 사람마다 신실성의 증거가 다르다보니 그것을 분간하기가 쉽지 않다. 한 사람이 신실하다고 여기는 것을 다른 사람도 꼭 그렇게 보는 것은 아니기 때문이다.

연구를 통해 우리는 사과에 5가지 기본 요소들이 있다는 결론에 도달했다. 그 중 대부분의 사람들은 한두 가지 사과의 언어가 다른 것들에 비해 더 신실한 사과로 들린다. 진실한 사과를 전달하기 위해 5가지 언어를 모두 사용할 필요는 없지만, 사과가 받아들여지게 하기 위해서는 피해자에게 당신의 신실성을 전해주는 언어(또는 언어들)를 사용할 필요가 있다. 그러면 그가 당신의 사과를 진실한 것으로 여겨 받아들일 가능성이 많다.

첫 번째 사과의 언어는 '유감 표명(후회 표현)'이다. 대개 그것은 '미안해'라는 말로 표현된다. 이것은 사과의 감정적 측면으로 피해자에게 깊은 상처를 준 데 대한 죄책감과 고통을 표현하는 말이다. 로버트 풀검은 『내가 알아야 할 모든 것은 유치원에서 배웠다』라는 책에서 "누군가에게 상처를 주었다면 미안하다고 말하세요"[3] 라고 말했다.

사과는 후회라는 자궁 속에서 잉태된다. 우리는 자신이 가한 고통이나 불편 그리고 상대방을 실망시킨 일을 후회한다. 후회는 자신이 한 일이나 하지 못한 일에 그리고 그 일이 다른 사람에게 어떤 영향을 미쳤는지에 초점을 맞춘다. 피해자는 고통스런 감정을 경험하고 있으며, 그 고통을 가해자도 어느 정도 느끼길 원한다. 그는 가해자가 그에게 얼마나 깊은 상처를 입혔는지 깨달았음을 나타내는 증거를 원한다. 어떤 이들은 사과를 들을 때 이 부분에만 귀를 기울인다. 그들에게는 유감 표명이 없는 사과는 적절하지도, 진실하지도 않기 때문이다.

마법의 주문

"미안해요"라는 말이 없는 사과는 어떤 이들에게 마치 아픈 엄지손가락처럼 거슬린다. 가해자들은 그 '주문'을 간과하는 경우가 많지만, 듣는 사람은 그 말에 신경을 곤두세운다.

내(제니퍼) 이야기를 하나 소개하려 한다. 지난 봄 나는 소그룹 인도자들을 위해 마련된 상을 수상하게 되었다. 한 판매 컨설턴트의 카탈로그에서 내가 받을 상품을 선택하고 선물이 도착하길 학수고대했다. 그러나 여름이 지나도록 그 물건은 배달되지 않았다.

연말이 가까워질 무렵, 나는 그 물건이 도착할 것 같지 않다는 결론을 내렸다. 그 무렵에는 그 문제를 놓고서 누구에게 책임 추궁을 하고 싶은 생각도 없었다. 소그룹을 인도하는 일 자체가 즐거웠다고 생각했고, '얻기 쉬운 것은 잃기도 쉽다'는 속담을 떠올리며 그 선물을 깨끗이 잊어버리려 했다.

다음 해 봄에 이전의 컨설턴트가 남긴 전화 메시지를 들었을 때 나는 깜짝 놀랐다. 그녀는 박스를 정리하던 중에 내가 주문한 상품을 발견했다고 했다. 그 물건을 점검해서 내게로 부치려 한다고 간단히 말하고서 메시지를 끝냈다. 내 입장에서는, 잊어 버렸던 것을 받게 되어 기뻤지만 왠지 기분이 찜찜했다. 하지만 그녀의 메시지를 다시 듣고서야 그 이유를 알 수 있었다. 그녀는 자신의 실수에 대해 어떤 사과도 표현하지 않았던 것이다.

당신의 몸은 뭐라고 말하는가?

로버트와 캐티는 결혼 7년차다. 내가(게리) "캐티가 진심으로 사과한다는 걸 당신은 어떻게 알죠?"라고 묻자 로버트의 대답은 이랬다. "눈을 보죠. 아내가 내 눈을 들여다보면서 '미안해요'라고 말하면, 그건 진심이에요. 반면에 방을 나서면서 '미안해요'라고 말한다면 그건 아내가 무언가를 숨기고 있다는 뜻이죠. 사과 후에 껴안고 키스하는 것도 아내의 진심을 나타내죠."

로버트의 말은 때로 우리의 보디랭귀지가 말보다 더 많은 걸 전해준다는 사실을 보여준다. 두 사람이 부딪치고 있을 때에는 특히 그렇다. 이를테면, 한 아내는 이렇게 말했다. "남편이 '미안하다고 말했잖아' 하고 내게 소리를 지르지만 눈을 부릅뜨고 손을 떨고 있다면 그것은 내게 용서를 강요하고 있다는 뜻이에요. 내가 보기에 남편은 진심으로 사과하기보다는 대충 넘어가고 잊어버리는 데 더 관심이 많은 것 같은 거죠.

그건 내가 받은 상처 따윈 중요하지 않다는 거나 마찬가지예요. 그럭저럭 대충 살자는 식이죠."

무엇이 미안한가?

사과는 구체적일 때 더 효과적이다. 이와 관련하여 루앤은 "난 사과하는 사람이 미안하다고 말할 때 무엇에 대해 미안한지를 구체적으로 언급해 주길 원해요"라고 말했다. 우리가 구체적으로 사과할 때, 상대방에게 얼마나 큰 상처를 입혔는지를 진심으로 깨닫고 있음을 전해줄 수 있다. 구체성은 우리의 행위에 그리고 그 행위가 상대방에게 어떤 영향을 미쳤는지에 초점을 맞춘다.

사과 내용이 상세할수록 더 좋다. 내(제니퍼)가 어떤 사람과 함께 영화를 보기로 약속하고서 그를 기다리게 했다면, "영화 시간에 맞춰 도착하지 못해서 미안해요"라고만 말하지는 않을 것이다. 나의 지각으로 인한 그녀의 불편 사항들을 내가 열거한다면, 나의 진심이 보다 확실하게 전해질 것이다. "영화를 처음부터 보고 싶었을 텐데 나 때문에 앞부분을 못 보게 돼서 어쩌죠? 누군가 나를 이렇게 기다리게 했다면 나는 정말 화가 났을 거예요. 이렇게 오래 기다리게 해서 진심으로 사과합니다. 미안해요." 이처럼 상세한 설명은 그 상황을 그리고 당신이 상대방을 얼마나 불편하게 했는지를 깊이 이해하고 있음을 나타낸다.

'하지만…'이라는 토를 달지 말라

진실한 사과는 그 자체로 끝나야 한다. '하지만…'이라는 말이 뒤따라서는 안 된다는 뜻이다. 재혼한 지 3년째인 로드니는 이렇게 말한다. "나는 아내가 '미안해요. 당신에게 소리질러서 마음을 상하게 했네요'라고 말하면 그 사과가 진심이란 걸 느낍니다. 아내는 자신을 화나게 만들었던 내 행동을 계속 지적하지 않아요. 하지만 첫 아내는 사사건건 비난을 했죠."

우리의 연구 과정에서 많은 사람들이 이와 비슷한 얘기를 전해 주었다. "그녀는 사과하고 나서 자신을 화나게 했던 나를 비난해요. 그런 비난을 들으면 그녀의 사과를 진심으로 받아들이기 힘들어지죠."

브렌더는 자기 남편의 사과 실패 사례들 중 하나를 기억해 이야기했다. 나의 결혼 세미나에 참석하기 전날 밤에 일어난 일이었다. 그녀의 남편은 브렌더와 네 자녀를 집에 남겨 놓은 채 직장 동료의 50번째 생일파티에 갔다. 남편이 대개 밤 10시부터 오전 6시까지 일하기 때문에, 그녀는 소중한 저녁 시간을 함께 보내길 원했다.

"내가 화를 냈는데도, 남편은 한 시간 내에 돌아오겠다고 말하고서 집을 나섰어요. 두 시간 반이 지나서 우리 모두 잠자리에 들었을 때에야 남편이 돌아왔죠. 그는 사과했지만, 동시에 내가 애기처럼 군다느니 자신도 외출할 권리가 있다느니 하며 말을 덧붙였어요. 나는 남편의 사과를 받아들일 수 없었어요. 왜냐하면 내 기분을 상하게 하고 있었기 때문이죠. 나 역시 남편이 집에 오면 짜증을 부리지 않겠다고 다짐했지만 너무 화가 나서 그런 다짐도 효과가 없었죠." 상대방을 비난할 때마다 우리의 사과는 공격으로 돌변한다. 공격은 결코 용서와 화해로 이끌지 못한다.

아이리스와 마리 자매는 종종 다투었다. 둘 다 관계개선을 원했지만, 어떻게 해야 할지를 몰랐다. 내가 마리에게 "아이리스가 화를 낼 때 사과하나요?" 하고 물었다. 마리는 그렇다고 대답했다. "언니는 늘 사과하지만, 끝에 가서는 대개 '난 네가 나를 무시하지 않았으면 해. 내가 너만큼 배우지 못했지만 그렇다고 해서 네가 날 먼지 취급하듯 해서는 안 되잖아'라고 덧붙여요. 그게 무슨 사과예요? 언니는 모든 비난을 내게로 돌려요. 내 생각에 언니는 열등의식이 있는 것 같아요. 어쨌든 언니의 사과가 내게는 공격의 하나일 뿐이죠."

사과는 가식적이지 않아야 한다

진실한 유감 표명은 다른 사람의 응답을 유도하는 것이 아니어야 한다. 덕과 낸시는 사귄 지 2년째인데 현재 힘든 시기를 맞고 있다. 낸시가 말했다. "이따금 덕은 미안하다고 말해요. 하지만 그럴 때면 그는 내게서 같은 말을 듣길 기대하죠. 먼저 싸움을 일으킨 사람이 덕이기 때문에 나는 사과하고 싶은 마음이 없답니다. 나는 그가 미안하다고 말하고서 아무런 응답도 기대하지 않기를 원해요. 그가 진정으로 미안하다면 그래야 하는 거 아닌가요?"

우리가 다른 사람에게 상처를 주고서도 그것을 깨닫지 못할 때가 있다. 분명 고의로 그런 게 아니었겠지만 그럴 때라도 정중히 사과한다면 비로소 좋은 관계가 형성될 것이다. 내가 엘리베이터에서 나오다가 누군가와 부딪힐 때 "미안합니다"라고 말한다면, 이는 내가 의도적으로 부딪히지는 않았지만 상대방에게 불편이나 짜증을 유발한 것 자체를 사과한 것이다. 같은 원리가 가까운 관계에서도 적용된다. 당신은 자신의 행동이 배우자의 마음을 상하게 한 것을 모를 수도 있지만, 그 사실을 깨닫게 되면, "당신에게 그토록 고통을 줘서 미안해요. 일부러 그런 건 아녜요"라고 말할 수 있다.

뉘우침은 자신의 행동에 초점을 맞추며, 또한 그 행동이 상대방에게 해를 끼쳤음을 공감하는 일에 초점을 맞춘다. 단지 상대방의 추궁을 제지할 목적으로 "미안해"라고 말하는 것도 불성실한 사과다.

사과 편지

사과 편지를 쓰는 것도 당신의 신실성을 나타내는 데 도움이 될 수 있다. 사과를 글로 표현하면 감정적인 무게를 더 많이 실을 수 있다. 왜냐하면 상대방이 그것을 거듭 읽을 수 있기 때문이다. 글로 쓰는 과정에서 자신의 뉘우침을 분명하게 자각하며 그것을 적극적으로 표현하게 된다. 내(제니퍼)게 상담을 받았던 사람이 자신의 남편에게서 받은 편지다.

사랑하는 올리비아

　오늘 밤에 늦은 것에 대해 그리고 늦을 거라는 예감이 들었을 때 가급적 속히 당신에게 알려주지 않은 것에 대해 사과하고 싶어요. 오늘 아이들을 보살피느라고 엄청 힘들었다는 걸 잘 알아요. 집에서 당신을 돕거나 아니면 최소한 제때에 와서 당신의 짐을 덜어주었으면 좋으련만. 오후 6시 30분이 되자 애가 탔어요. 내가 당신의 메시지를 받은 시각이 오후 4시 45분이었죠. 도움을 간절히 원하는 그리고 제때에 퇴근해 주길 부탁하는 메시지였죠. 그 시각 이후로 매순간 내가 돌아오길 손꼽아 기다릴 당신을 생각하면 마음이 아팠어요. 근무 시간 문제를 명확히 하지 못해서 오늘 당신을 더 힘들게 한 것이 정말 후회스러워요. 더 믿음직한 남편이 되도록 노력할게요. 미안해요. 그리고 당신이 나를 용서해주길 바랍니다.

― 뉘우치고 있는 당신의 사랑하는 남편, 짐

　올리비아는 그 편지 아래에, '2005년 1월 20일에 용서'라고 적었다. 짐의 유감 표명이 올리비아의 마음에 와 닿았다. 그녀는 남편의 진실성을 느꼈고 그래서 기꺼이 용서했다. 어떤 이들은, 진실한 유감 표명을 가장 강력한 사과의 언어로 받아들인다. 그들에게 사과의 진실성을 확신시키는 것이 바로 '미안해'라는 말이다. 그것이 없다면, 그들은 당신이 사과하는 어떤 말에도 공허함을 느낄 것이다. 그들의 주요 사과의 언어는 진실한 후회의 말, '미안해'이기 때문이다. 그들은 이 말을 들을 때 기꺼이 용서하려 할 것이다.

당신이 기꺼이 유감을 표명하려 한다면, 다음 표현들에서 도움을 얻을 수도 있다.

🍎 유감을 표현하는 말

- "내가 당신에게 깊은 상처를 준 것을 알아요. 그래서 몹시 고통스럽습니다. 그런 짓을 해서 정말 미안해요."
- "내가 당신을 실망시켜서 정말 기분이 좋지 않아요. 내가 생각이 더 깊었어야 했어요. 당신을 고통스럽게 해서 미안해요."
- "내가 신중하게 생각하지 못했던 게 분명해요. 당신에게 상처를 줄 의도는 결코 없었지만, 내 말이 지나쳤다는 걸 지금 알겠어요. 내가 그토록 둔감해서 미안해요."
- "당신의 신뢰를 저버린 데 대해 미안해요. 내가 우리의 관계에 장애물을 만들었어요. 난 그걸 제거하고 싶어요. 내가 사과한 후에도, 당신이 나를 다시 신뢰하게 되기까지는 어느 정도 시간이 걸릴 수 있다고 봅니다."
- "우리가 귀사에 약속했던 서비스를 제공하지 못했습니다. 우리 회사의 명백한 잘못에 대해 진심으로 사과드립니다."

> **인상적인 한마디!**
> "용서는 과거를 변화시키는 것이 아니라 미래를 확장시킨다." _폴 보이스

3
chapter

[사과의 언어 no.2]
내가 잘못했어 – 책임 인정

래리 사장은 말수가 적은 편이지만, 어느 날 인내의 한계에 도달했다. 그래서 한 종업원을 호되게 나무랐다. 그 내용은 옳았고 필요했던 것도 사실이지만, 사람들 앞에서 그의 잘못을 지적하며 언성을 높이고 말았다. 나중에 그는 마음이 편치 않았지만 '내가 한 말은 사실이며, 그 사람은 지적당할 필요가 있어. 그는 내가 멍청이가 아니라는 걸 알아야 해'라고 자신에게 말했다.

제인은 약속을 잘 기억하지 못하는 버릇이 있었는데 주말 약속은 특히 그랬다. 주말에는 달력을 보지 않는 경우가 종종 있었기 때문이다. 그날도 모임에 지각했다. 도착했을 때는 모임이 절반가량 진행된 후였다. 제인의 머릿속에는 모임 시간을 착각한 여러 이유들이 스쳐 지나갔다. 그 중 첫 번째는 최근에 대륙횡단 여행을 다녀왔다는 것이었다. 그녀는 모임 약속 날짜를 잊어버렸고, 약속 시간은 더욱 까마득했다. 하지만 모임 참석자들은 그녀가 또 늦은 데 대해 사과를 해야 한다고 생각하고 있었다.

이 사례들(몰인정한 말, 지각)에서, 래리와 제인은 모두 죄책감을 느꼈다. 하지만 그들은 사과보다는 변명에 급급했다. 그런 행동은 관계를 손상시켰다. 간단하게 사과만 했어도 상황이 달라졌겠지만, 사과란 자신의 행동에 대한 책임을 인정한다는 면에서 보면 쉽지 만은 않은 일이기도 하다.

"내가 잘못했어"라고 말하는 것이 왜 그처럼 힘들까? 종종 우리가 자신의 잘못을 시인하길 꺼려하는 이유는 '자존심' 과 결부되어 있기 때문이다. 잘못을 시인하는 건 나약한 모습이라고 생각하는 것이다. "바보들이나 잘못을 인정하지, 똑똑한 사람이라면 자신의 정당함을 입증할 수 있을거야."

이런 자기 정당화의 씨앗은 종종 어릴 적에 심겨진다. 어린아이가 저지른 잘못에 비해 과도한 벌이나 정죄나 수치를 당한 경우에 자존감이 약화되어, 무의식적으로 그 아이는 그릇된 행동과 자존감 저하를 감정적으로 연결시키게 된다. 따라서 잘못을 시인하는 것은 자신이 '나쁜' 사람이 됨을 뜻하는 것이다. 이런 식의 감정 패턴을 지닌 채 성장하는 아이는 성인이 되어서도 잘못을 인정하기 힘들어 한다. 왜냐하면 그것은 자신의 자존심에 타격을 가하는 일이기 때문이다.

성인으로서 우리가 이 부정적인 감정 패턴을 이해하면서도 거기 속박되지 않을 수 있다는 것은 복된 소식이다. 사실은 우리 모두가 죄인이다. 이 세상에 완벽한 사람은 없다. 성숙한 성인은 어릴 적의 해로운 패턴을 타파하고 자신의 잘못에 대한 책임을 인정하는 법을 배운다. 그러나 미성숙한 성인은 자신의 나쁜 행동을 줄곧 합리화한다.

그러한 합리화는 종종 다른 사람들을 비난하는 형태를 띤다. 우리는 자신의 행동이나 말이 최선이지는 않지만 다른 사람의 무책임한 행위에 의해 야기된 거라고 말할 수도 있다. 그래서 다른 사람들을 비난하며, "내가 잘못했어"라고 시인하기 힘들어한다. 그런 비난 역시 미성숙의 표시다. 아이들은 자신의 부정적인 행동에 대해 본성적으로 남을 비난한다. 나(게리)는 여섯 살짜리 아들이 식탁 위의 유리컵을 떨어뜨려 깨지게 해놓고서 "그게 저절로 그랬어"라고 설명했던 때가 기억난다. 지금까지도, 아내와 나는 책임지고 싶지 않은 행동에 대해 농담삼아 "그게 저절로 그랬어"라고 말하며 웃는다. 성숙한 성인들은 자신의 행동에 대해 책임을 지는 반면에 미성숙한 성인들은 유치한 생각에서 벗어나지 못하고 자신의 잘못에 대해 다른 사람들을 비난하는 경향이 있다.

자신의 행동에 대한 책임을 받아들이려면 우선 "내가 잘못했어"라고 기꺼이 시인할 줄 알아야 한다. 폴 마이어는 "가장 중요한 성공 요인들 중 하나는 자신의 잘못을 기꺼이 인정하는 것"이라고 말했다.[4] "상식과 지혜를 그리고 잘못했을 때 그것을 인정하고 시정하는 능력을 갖추는 것보다 더 중요한 일은 드물다"[5]라는 스펜서 존슨의 말에 나는 동의한다. "내가 잘못했어"라고 말하는 법을 배우는 것은 책임감 있고 성공적인 어른이 되기 위한 중요한 단계이다.

오프라 윈프리의 사과

토크쇼 진행자인 오프라 윈프리는 2006년 1월 26일에 "제가 실수했어요"라는 말로 자신의 프로를 시작함으로써 전국의 TV 시청자들을 놀라게 했다. 윈프리는 『백만 개의 작은 조각들 A Million Little Pieces』이라는 회고록의 많은 부분을 각색했던 한 작가를 옹호한 데 대해 사과를 했다. 그녀는 제임스 프레이가 자신의 이야기에 흥미를 더하기 위해 실제로 일어나지 않은 일까지 보태어 사실인 것처럼 꾸민 책 내용이 밝혀진 후에도 그를 옹호함으로써, 서적 비평가들뿐만 아니라 수많은 팬들에게도 외면을 당했다.

계속해서 윈프리는 "프레이 씨를 옹호함으로써, 제가 진리를 중요시하지 않는다는 듯한 인상을 남겼어요. 그래서 깊이 사과드립니다. 내 신념과는 다른 행동을 했습니다"[6]라고 말했다. 자신의 행동에 대한 책임을 인정함으로써 윈프리는 실망한 많은 사람들에게서 존경을 회복했다.

프레이의 책에서 몇 가지 모순점들을 일찌감치 발견했었던 윌리엄 배스톤은 윈프리의 사과에 대해, "윈프리와 같은 사람이 자신의 실수를 인정한다는 것은 찬사를 받아 마땅하다. 그녀처럼 높은 위치에 있는 사람이 자신의 중요한 실책을 인정하고 공개적으로 사과하는 모습은 정말 보기 힘든 광경이다"[7]라고 말했다.

오프라 윈프리의 사과는 부요하고 유명한 사람도 자신의 행동에 대한 책임을 인정하는 사과를 할 필요가 있음을 상기시킨다.

실수 시인하는 법 배우기

"내가 실수했어요"라고 말함으로써, 윈프리는 자신의 잘못을 인정했다. 많은 사람들은 "내가 잘못했어"라는 말을 들을 때 상대방이 진심으로 사과하고 있다고 느낀다. 그릇된 행동에 대한 책임을 인정하는 이 같은 말이 없으면 그들은 사과의 진실성을 느끼지 못할 것이다. 때문에 당신의 행동에 대해 진심으로 사과하길 원한다면 이 사실을 잘 이해할 필요가 있다.

조이와 리치는 결혼 5년째에 내 사무실을 찾아왔다. 경제적으로는 건실했다. 리치는 대학 졸업과 함께 좋은 직장을 잡았다. 조이는 아기를 갖기 전까지 2년간 직장생활을 했다. 양가의 인척들이 시내에 거주했고 기꺼이 아기를 맡아 주었다. 그래서 리치와 조이는 둘만의 여가 시간을 많이 즐길 수 있었다. 조이의 말을 들어보자.

"우리 생활은 정말 근사해요. 한 가지 문제는 리치가 결코 사과하려 하지 않는다는 거예요. 일이 자기 방식대로 풀리지 않아서 화가 나면 그는 나에게 폭언을 퍼부어요. 그러고서 사과는커녕 도리어 나를 비난해요. '미안해'라고 말하는 경우도 간혹 있지만, 그럴 때면 '하지만 당신이 나를 건드리지 않았다면 내가 화를 내지 않았을 거야'라는 말을 꼭 덧붙이죠. 마치 자신은 아무런 잘못도 저지르지 못한다는 듯이 말예요. 나는 나 자신이 완벽한 아내가 아님을 알기 때문에 잘못하면 기꺼이 시인해요. 하지만 리치는 결코 그러지 않아요."

리치에게 눈을 돌리자 그는 이렇게 말했다. "잘못한 일도 없는데 사과하는 것은 옳지 않다고 생각해요. 내가 이성을 잃기도 하지만, 그건 아내가 나를 깎아내리고 내가 아빠 구실을 못하는 사람처럼 느끼게 만들기 때문이죠. 나는 가능한 한 아들과 함께 많은 시간을 보내지만 매주 아내는 '아들과 함께 더 많은 시간을 보내지 않으면 그 아이가 당신을 알아보지 못할 거야'라는 식으로 바가지를 긁어 댑니다. 나는 직장에서 열심히 일해야 하고 귀가하면 피곤해요. 내게는 편히 쉴 시간이 필요해요. 집에서 에단과 함께 두 시간 동안이나 놀 힘이 없어요."

"내가 두 시간을 할애하도록 요구한 적은 없어. 15분간이라도 시작하면 좋겠어."

"말 한번 잘하네." 리치가 말을 받았다. "내가 15분을 할애하면 다음 주에는 25분을 요구할 것이 뻔해요. 내가 아무리 노력해도 아내를 만족시킬 순 없어요."

내가 보기에 조이는 리치의 자존심을 건드리고 있었다. 그는 좋은 아빠가 되길 원했고, 조이의 말을 들어 보면 그는 실패했다. 그는 그런 결론을 받아들이려 하지 않았고, 그래서 험한 말을 내뱉는 방식으로 마음의 상처를 표현했다. 사실은 조이와 리치 둘 다 사과해야 했다. 문제는 둘 중 누구도 자신이 잘못했다고 생각하지 않는다는 데 있었다.

마음의 상처나 분노로 인해 관계가 손상될 때에는 늘 사과가 요구된다. 이 경우에는 리치와 조이 둘 다가 상처를 입고 화를 냈다. 리치는 조이에게서 비난의 말을 듣고서 마음이 상했고, 조이는 남편이 뱉은 험한 말들로 인해 상처를 입었다. 둘 다 상대방에게 상처를 입힐 의도는 없었지만 둘 다 서로에게 몰인정하게 대했다.

첫 상담을 마무리하면서, 나는 다음 주에 리치와 따로 만났으면 한다는 뜻을 전했다. 그 다음 주에는 조이와 따로 만나고 네 번째 상담에는 세 사람이 다시 함께 만났으면 한다고 했다. 그들은 동의했다. 첫 만남에서 그들은 자신의 문제를 제3자와 함께 의논했다는 것으로 그리고 몇 주가 지나면 어떤 해결책을 찾을 수 있을 거라는 생각으로 만족하는 것 같았다.

리치의 이유들

리치와의 만남을 통해, 아들과 더 많은 시간을 가질 필요가 있다는 조이의 말이 그로 하여금 그토록 부정적인 반응을 보이게 했던 이유를 쉽게 알아낼 수 있었다. 그는 아버지가 대부분의 시간을 집 밖에서 지내는 가정에서 자랐다. 대개 그의 아버지는 일요일 저녁에 집을 나서서 금요일 오후에 돌아왔다. 주말에는 골프를 치거나 스포츠 경기를 보았다. 리치는 고등학생 때 아버지와 몇 차례 골프를 쳤었고, 가끔 축구 경기도 함께 보았다. 그러나 집을 떠나 대학 생활을 하면서, 리치는 아버지가 어떤 분인지 알 수 없다는 느낌을 늘 지니고 있었다. 자녀를 갖게 된다면 자신은 결코 그렇게 하지 않고 아들과 접촉하여 아들이 아빠의 사랑을 받고 있음을 알게 하겠다고 다짐했다. 성공적인 아빠가 되려는 깊은 갈망이 있었기 때문에, 조이의 비난은 깊은 상처가 되었다.

리치의 성난 반응은 그가 어머니에게서 본 것과 비슷했다. 그의 어머니는 종종 아버지에게 화를 내며 험한 말을 퍼부어 댔다. 리치는 어머니의 고통에 공감했고, 아버지에 대한 어머니의 반응이 정당하다고 느꼈다. 그는 어머니를 결코 비난하지 않았고, 종종 아버지의 행동을 어머니가 왜 그렇게 참고만 있는지 의아해 했다. 이제 성인이 되어, 그는 조이에게 퍼붓는 말이 거칠긴 하나 진실하다며 정당화했다. 그래서 그는 자신의 거친 말이 잘못임을 인정하거나 사과할 필요를 전혀 느끼지 않았다.

나는 이중으로 접근했다. 첫째로, 나는 리치가 보면서 자란 부모의 모습이 그다지 건전한 모델이 아니었음을 그에게 이해시키려 했다. 그는 부모의 결혼생활이 그가 원했던 것만큼 서로를 사랑하고 돌보며 지지하는 모습이 아니었다는 데 쉽게 동의했다. 부모의 모델을 따르는 한 그가 원하는 결혼생활은 현실이 아니라 이상으로 남아 있을 거라고 말해 주었다. 둘째로, 나는 어떤 행동을 하는 이유를 '이해하는 것'과 자신의 행동을 '인정하는 것'의 차이를 그에게 알려주려고 노력했다. 리치가 조이에게 그런 식으로 반응하는 이유를 이해하는 것은 쉬운 일이었다. 하지만 그 행동을 적절한 것으로 받아들인다면 그가 원했던 친밀한 결혼생활이 파괴되고 만다.

동의 vs 반대 접근법

나는 새로운 방법으로 접근했다. 그것은 많은 부부들로 하여금 실패를 극복하고 성공적으로 살아가도록 도움을 주었던 접근법이다. 나는 그것을 '동의 vs 반대'로 지칭한다. 나는 아픔, 분노, 실망, 낙심, 혹은 다른 어떤 감정이라도 느낄 권리가 있다는 데 '동의'한다. 내가 어떤 감정을 선택하는 것이 아니라 단지 그것을 경험할 뿐이다. 반면에 나는 그 감정에 따라 말이나 행동으로 다른 사람에게 상처를 줄 권리가 있다는 개념에는 '반대'한다. 내 배우자가 내게 상처를 주었다는 이유로 배우자에게 상처를 입히는 것은 전쟁을 선포하는 것과 같다. 그것은 승리자가 없는 전쟁이다.

따라서 우리는 배우자의 마음에 상처를 주지 않고 화해의 여지를 남겨두는 방식으로 자신의 감정을 표현하려고 노력해야 한다. 우리는 이 목표에 맞추어 리치가 활용할 수 있는 문구를 함께 만들어 보았다.

"여보, 당신을 너무나 사랑해. 에단도 사랑해. 나는 좋은 남편과 좋은 아빠가 되길 무엇보다 원해. 아마도 내가 우리 아버지와 친밀하게 지내지 못해서 그런 마음이 더욱 간절한지도 몰라. 주변 사람들을 봐도 늘 싸우는 모습이지. 그래서 나는 내 마음을 몹시 상하게 하는 것에 대해 당신과 의논하고 싶어. 해결책을 찾도록 나를 도와주길 원해. 지난밤에 '에단과 함께하는 시간을 더 많이 갖지 않으면 아이가 자라서 당신을 알아보지 못할' 거라는 당신의 말을 들었을 때, 나는 가슴에 비수가 꽂히는 느낌이었어. 사실 컴퓨터 방에 가서 혼자 울었어. 왜냐하면 그건 내가 생각할 수 있는 최악의 상황이었기 때문이지. 그러니 에단과 함께 의미 있는 시간을 보내면서도 우리 가정의 경제적인 필요를 채울 수 있도록 내 스케줄 관리를 좀 도와주겠어?"

나는 이런 식으로 말하면 조이의 반응이 긍정적일 것임을 리치에게 확신시켰다. 그도 동의했다. 그러고서 나는 이렇게 덧붙였다. "내가 여러 사람들과 함께 생활해 본 바로는 새 계획을 세운다고 해서 반드시 옛 패턴이 사라지는 건 아니에요. 당신이 조이의 잔소리를 듣고서 옛 습관대로 험한 말을 내뱉을 수 있는 기회가 몇 주 내에 찾아오겠죠. 당신이 원하지는 않겠지만, 미처 생각하기도 전에 그런 말이 튀어나올 거예요. 이럴 때 사과해야 해요. 자기 아내에게 소리지르는 건 자상하거나, 사랑스럽거나, 부드럽거나 또는 긍정적인 모습이 아니라는 점에 대해서는 당신도 동의할 거라고 생각해요." 리치는 고개를 끄덕였다. "그건 옳지 않은 행동이죠."

나는 마치 그리스도께서 교회를 위해 하시듯이 남편들이 아내들을 사랑하고 돌보며 또한 그들의 요구를 만족시키려고 노력해야 한다는 신약성경 말씀을 그에게 상기시켜 주었다 엡 5:25-33 참조.

그런 다음 리치에게 이렇게 말하는 법을 가르쳐 주었다. "지난밤에 내가 당신에게 화를 냈었지. 당신에게 고함치고 험한 말을 했어. 내가 잘못했어. 그건 부드럽지도, 사랑스럽지도, 자상하지도 않은 행동이었어. 당신에게 상처를 줘서 미안해."

리치는 이 내용을 자신의 노트에 적었다. 상처와 분노를 다루기 위한 새로운 접근법을 실행하려는 리치를 위해 우리는 함께 기도하며 하나님의 도우심을 구했다. 그것은 힘든 시도였지만, 나는 리치가 기꺼이 변하려 함을 느꼈다.

조이의 용서 노력

조이와의 만남은 더 힘들었다. 그녀가 더 나은 결혼생활을 원하지 않아서가 아니라, 자신의 아내를 진정으로 사랑하는 남자라면 그렇게 심한 말을 할 수 없다고 생각했기 때문이었다. 그녀로서는 도저히 이해할 수가 없었다. 이 때문에 그녀는 자신을 향한 리치의 사랑에 대해 의문을 갖게 되었다.

나는 조이의 견해에 공감을 표시했지만, 우리 모두가 불완전한 사람들임을 그녀에게 이해시키려고 노력했다. 완전한 사랑은 상대방에게 결코 상처를 주지 않을 것이다. 하지만 우리 중에 완벽한 사랑을 실행할 수 있는 사람은 아무도 없다. 우리는 불완전하기 때문이다. 성경은 이 점을 분명히 밝힌다. 우리 모두는 죄인이다롬 3:23 참조. 그리스도인들도 여전히 죄를 범할 수 있다. 우리가 하나님께 그리고 우리에게서 상처를 입은 사람에게 죄를 자백하는 법을 배워야 하는 것도 바로 그 때문이다요일 1:8-10 참조. 좋은 결혼생활은 완벽함에 달린 것이 아니라, 자신의 잘못을 기꺼이 시인하고 용서를 구하는 데 달려 있다.

조이는 내 말에 이론적으로 동의했다. 그녀는 교회를 다니며 자랐으므로 이 사실들을 잘 알고 있었다. 하지만 리치의 거친 말로 인해 워낙 마음이 상했던 까닭에 그를 용서하기 힘들어했다. "그가 결코 사과하지 않을 때는 특히 그래요" 하고 조이가 말했다.

용서와 화해에 있어 사과가 필수적이라는 점에 대해 나는 그녀와 같은 생각이었다. 나는 그녀에게 진정한 사과라면 어떤 말을 듣고 싶은지를 물었다. "난 단지 '미안해'라고만 말하는 건 원치 않아요. 나는 그가 자신의 잘못을 인정하길 원해요. 그의 행동이 너무나 심한 상처를 주거든요. 어떻게 사과도 없이 그냥 휙 나가버릴 수가 있어요? 남에게 소리를 지르는 것이 얼마나 큰 잘못인지를 깨닫지 못한다는 게 말이 되나요?"

다음 30분 동안 조이와 나는 상처와 자존심의 관계에 대해 얘기했다. 나는 조이에게 리치 가문의 정서적 역학 관계를 그리고 좋은 아버지가 아니라는 그녀의 지적이 그에게 그토록 깊은 상처를 주는 이유를 설명하려고 노력했다. 그 지적이 최소한 그녀의 관점에서는 사실일 수도 있었지만, 그에게 있어 그것은 그의 영혼 속에서 폭발하는 언어 폭탄과 같았다. 그의 어머니가 종종 그랬듯이 그 역시 험한 말로 반박하는 게 자연스런 반응이었다.

"하지만 그런 어머니를 모델삼아 성장한 그가 변할 수 있을까요?"

"우리는 변할 수 있어요. 하나님의 도우심에 의지할 때는 특히 그렇죠. 나는 리치가 진실하다고 그리고 그 자신을 더 잘 이해하기 시작하고 있다고 믿어요. 또한 나는 당신도 장래에 괄목할 만한 변화를 보게 될 거라고 믿어요."

"그러길 바라요. 난 그를 너무나 사랑하고 좋은 결혼생활을 해 나가길 원해요. 우린 정말 문제에 직면했다고 봐요. 너무 늦지 않았길 바랄 뿐이랍니다."

조이가 아들과 함께 보내는 시간에 관해 남편에게 언급할 때 어떻게 하면 그의 자존심을 건드리지 않고 긍정적으로 말할 수 있는지에 대해 얘기하면서 대화를 마무리했다. 나는 리치에게 구체적으로 부탁한다면 비난 투로 들릴 가능성이 더 적을 거라고 제의했다. 그리고 리치에게 부탁할 수 있는 말들을 생각해 보았다. 다음은 그 내용 중 일부다.

"내가 식사 준비하는 동안 에단과 함께 게임할래요?"
"식사 후에 우리 셋이서 산책하러 갈까요?"
"오늘 밤에 에단을 좀 씻겨줄 수 있겠어요?"
"내가 에단 목욕물을 데우는 동안 아이에게 책을 좀 읽어줄래요?"
"저녁식사 후에 내가 설거지하는 동안 당신은 에단과 함께 놀지 않을래요?"

조이는 불평보다는 구체적인 부탁을 생각해 내고 있었다. 내가 조언을 덧붙였다. "한 주에 두 개 이상의 부탁을 해서는 안 돼요. 리치가 아들과 함께 어울릴 때마다 그에게 긍정적으로 말해 주세요. 아빠 역할을 근사하게 해줘서 너무 뿌듯하다고 그에게 말하세요. 식사 준비를 하는 동안 에단과 함께 놀아줘서 너무 고맙다고 말하세요. 하나도 놓치지 말고 일일이 감사를 표하세요. 리치는 좋은 아빠가 되고 싶은 갈망으로 가득하다는 사실을 꼭 기억하시구요. 당신이 그를 인정할 때 그의 자존심을 세워주고 있는 거예요. 또한 당신은 부부 사이에 긍정적인 분위기를 조성하고 있는 겁니다."

새로운 반응법 배우기

네 번째 만남에서 리치와 조이는 시종 생산적인 자세로 임했다. 과거의 감정적 패턴을 자각하고서 서로에 대한 새로운 반응법을 개발하며 자신에 대한 새로운 통찰력을 얻는 그들의 모습을 보는 것은 흥미로운 일이었다.

리치는 가끔 조이에게 거칠게 말할 때면 "내가 잘못했어"라고 말하는 법을 배웠다. 또한 조이는 남편의 아빠 역할에 대해 무심결에 부정적으로 말할 때면 "내가 잘못했어. 당신 마음을 아프게 해서 미안해"라고 말하는 법을 배웠다.

상담 과정에서 리치의 주요 사과의 언어가 '미안해'임이 밝혀졌다. 조이가 이렇게 말하면, 리치는 그녀를 기꺼이 용서했다. 반면에 조이의 주요 사과의 언어는 '내가 잘못했어'였다. 그녀는 리치가 자신의 험한 말이 잘못임을 알기를 원했다. 그녀가 진실한 유감 표명법을 배우고 그가 자신의 그릇된 행동에 대한 책임을 인정하는 법을 배웠을 때, 그들의 결혼생활에 큰 진전이 있었다. 그들은 서로에게 그 점을 말로 표현하는 법을 배운 것이다.

책임을 인정하는 사과의 힘

'자신의 행동이 잘못되었음을 인정하는 것'을 사과의 가장 중요한 부분이라고 여기는 사람들이 많다.

래리와 질은 결혼한 지 25년이 지났다. 래리가 바라는 사과 역시 잘못을 시인하는 것이다. "몇 년 전에, 질이 자신의 삼촌에게서 받은 많은 돈을 허비했어요. 나는 그 돈을 우리 가족을 위해 써야 한다고 생각했지만, 아내는 선물이니까 자기가 원하는 대로 써도 된다고 생각했죠. 시일이 지나면서 그 돈이 다 사라졌고 나는 화가 치밀어 올랐어요. 험한 말을 하지는 않았지만 내 기분을 그대로 얘기해줬죠."

어느 날 질이 그에게 사과했다. "삼촌에게서 받은 돈을 내가 잘못 썼다는 걸 깨달았어요. 당신과 함께 의논했어야 했어요. 내가 너무 이기적이었어요. 그 때문에 우리의 관계에 문제가 생겼다고 봐요. 내가 정말 잘못했어요."

래리의 반응은 어땠을까? "나는 아내의 사과를 받아들이고 용서했어요. 돈은 이미 허비되었고, 이제 중요한 건 과거가 아니라 현재였죠. 나는 아내를 사랑하며 지난 일로 책잡지 않을 거라고 말했어요. 우리는 서로 붙들고 울었죠. 우리의 관계를 회복하는 치유의 시간이었어요. 후에 아내는 내가 화를 내며 영원히 그것을 문제 삼을까봐 두려웠다고 했어요. 하지만 아내가 진심으로 사과하는데 어떻게 그렇게 하겠습니까?" 래리에게 있어, 진실성이란 자신의 행동에 대한 책임을 인정하는 것을 뜻했다.

  이 같은 사람들에게는, 자신의 그릇된 행동에 대한 책임을 인정하는 사과의 언어를 듣는 것이 사과에 있어 가장 중요한 부분이다. 그것은 그들에게 사과의 진실성을 확신시켜준다. 당신이 이런 사람들에게 사과의 진실성을 전하고 싶다면 다음과 같은 표현들을 사용해 보라.

● 책임을 인정하는 말

- "내 행동이 그릇되었다는 걸 알아요. 변명하고 싶지 않아요. 솔직히 내 행동이 이기적이고 잘못되었어요."
- "내가 큰 잘못을 저질렀어요. 당시에는 내가 하는 일에 대해 깊이 생각하지 못했어요. 하지만 돌아보면 그게 문제였다는 생각이 들어요. 행동하기 전에 생각부터 했더라면 좋았을 거라고 봐요. 내가 한 일은 옳지 않아요."
- "내가 당신에게 말하는 방식이 잘못이었어요. 거칠고 진실하지 못한 모습이었죠."
- "이전에 거론되었던 잘못을 내가 또 반복했어요. 나는 정말 엉망이에요. 내 잘못인 걸 알아요."

chapter

[사과의 언어 no.3]
어떻게 하면 좋을까? – 보상

인간의 심리 깊은 곳에서는 '내가 피해를 입으면 누군가가 내게 보상을 해야 한다'고 말한다. 부모들은 자녀에게 이 원칙을 가르쳐야 한다. 만약 네 살난 아들이 여섯 살 누나의 손에서 인형을 빼앗았다면, 그 부모는 아들에게 "미안해"라고 말하게 할 뿐만 아니라 인형도 돌려주게 해야 한다.

『뉴 웹스터 사전』은 restitution('상환' 또는 '보상')을 '적법한 소유주에게 반환하는 행위' 또는 '손해액에 해당하는 만큼 무엇을 주는 것'이라고 정의한다. 앤디 스탠리는 이렇게 말한다. "내가 당신에게 가한 고통을 만회하기 위해 기꺼이 무엇인가를 하는 것이 참된 사과의 증거다. 우리 내면의 음성이, '내가 저지른 것을 바로잡기 위해서는 무엇인가를 해야 한다'라고 말한다."[8]

우리는 종종 가족의 말이나 행동에 상처를 입고 분노를 느낀다. 그토록 깊은 상처를 입고 그토록 심한 분노를 느끼는 이유는 우리가 그 사람의 사랑을 갈망하고 있기 때문이다. 그의 거친 말이나 고통을 주는 행동은 그의 사랑에 대해 의문을 갖게 한다. '그가 나를 사랑하면 어떻게 그럴 수 있을까?'라는 의문이 우리 마음속에 떠오르는 것이다. 이때 "미안해요. 내가 잘못했어"라는 말만으로는 충분하지 않을 수도 있다. 우리는 "나를 여전히 사랑해요?"라는 물음에 대한 답을 알고 싶기 때문이다.

어떤 이들은 보상을 주요 사과의 언어로 여긴다. 그들에게 있어서는 "내가 당신을 그런 식으로 대한 건 옳지 않아요"라는 말 다음에 "내가 여전히 당신을 사랑하고 있음을 보여주려면 어떻게 해야 할까?"라는 말이 뒤따라야 한다. 이 같은 보상 노력이 없다면, 그들은 사과의 진실성에 대해 의문을 가질 것이다. 다시 말해 "미안해요. 내가 잘못했어요"라는 말을 들어도 여전히 사랑받고 있지 못하다고 느낀다는 것이다.

우리의 연구 과정에서 이 점이 거듭 부각되었다. 사람들은 다음과 같은 얘기들을 많이 했다.

- "나는 뉘우침뿐만 아니라 손상된 부분을 바로잡으려는 신실한 노력도 기대해요."
- "나는 잘못된 부분을 고치려는 그의 노력을 기대해요."
- "나는 그의 보상을 원해요. 단지 미안하다고 말한다고 해서 문제가 해결되는 건 아니죠."

이들 모두는 보상 노력을 진실한 사과의 증거로 보았다. 그들의 주요 사과의 언어는 보상이다.

　어떤 사람이 법을 어기면, 일종의 보상 행위로서 지역 사회를 위한 봉사가 그에게 할당될 수도 있다. 개인적으로 관계 회복을 위해 봉사를 할 수도 있다. 그렇다면 가장 효과적인 보상 방법이 무엇일까? 보상의 핵심은 배우자나 다른 가족 구성원에게 당신의 진심어린 사랑을 확신시키는 것이므로, 상대방의 사랑의 언어로 보상을 표현하는 것이 중요하다. 어떤 남편들은 최선의 보상법이 꽃 선물이라고 이해한다. '그녀에게 꽃을 주면 모든 게 좋아질 거야'라고 생각하는 것이다. 그러나 꽃 선물이 모든 여자들의 사랑의 언어인 것은 아니다. "당신은 꽃이 뭐든 해결해 줄 거라고 생각하는군요!"라고 말하며 꽃을 밀치는 아내들도 있다.

5가지 사랑의 언어 배우기

　35년에 걸쳐 결혼 및 가정 상담을 해 오면서, 나는 5가지 기본적인 사랑의 언어들이 있음을 확신하게 되었다. 사람은 이들 중 어느 하나를 주요 사랑의 언어로 삼는다. 당신이 상대방의 주요 사랑의 언어로 말하면, 그는 당신의 사랑을 확신할 것이며 보상도 성공적으로 이루어질 것이다. 반면에 당신이 상대방의 주요 사랑의 언어로 말하지 않으면, 최선의 사과 노력도 실패로 끝날 수 있다. 따라서 나는 5가지 사랑의 언어들을 간단히 돌아보고, 주요 사랑의 언어가 보상 노력을 어떻게 성공으로 이

끄는지에 관해 그 사례들을 간략히 제시하려고 한다.[9]

인정하는 말

첫 번째 사랑의 언어는 '인정하는 말'이다. "그렇게 입으니 근사해요", "나를 위해 그렇게 해주셔서 정말 감사합니다", "당신은 정말 사려 깊은 분이에요", "당신이 나를 얼마나 사랑하는지를 날마다 새삼 느낍니다", "이 음식 정말 고마워요. 당신은 탁월한 요리사예요. 시간과 정성이 많이 들어간 것 같아요. 정말 감사해요." 상대방을 인정하는 말은 그 사람의 인격, 행동, 옷이나 아름다움에 초점을 맞춘 것일 수 있다. 중요한 사실은 그 말들이 상대방에 대한 당신의 사랑과 감사의 표현이라는 점이다.

인정하는 말을 주요 사랑의 언어로 여기는 사람들을 그리고 그 말이 상대방의 보상 노력을 얼마나 성공적이게 했는지를 연구하는 과정에서 접하게 된 사례를 보자.

팀은 결혼 세미나의 휴식 시간에 잠시 나를 만났다. 우리는 사과에 대해 얘기를 나눴고, 그는 자신의 아내에 대해 말했다. "아내는 사과를 너무 잘해요. 아내만큼 사과를 훌륭하게 하는 사람을 나는 본 적이 없어요."

나는 그의 설명에 귀를 기울였다. "아내는 대개 이런 식으로 말해요. '여보, 내가 … 해서 미안해요. 당신은 너무 훌륭해요. 당신에게 상처를 줘서 너무 미안해요. 나를 용서해주실래요?' 그러고서 나를 껴안아요.

이렇게 하면 매번 효과를 발휘하죠. 내 마음을 끄는 건 바로 '당신은 너무 훌륭해요'라는 말입니다. 나는 아내가 진실함을 알기 때문에 매번 용서할 수밖에 없죠. 누구나 실수를 합니다. 나는 아내가 완벽하길 바라지 않아요. 아내가 내게 용서를 구하면서 나를 훌륭하다고 말하는 것을 들으면 나는 정말 기분이 좋아지죠."

팀에게는 인정하는 말이 주요 사랑의 언어이며 그가 좋아하는 사과 방법의 일부다. 그것은 그가 원하는 보상법이기도 하다.

봉사

두 번째 사랑의 언어는 '봉사'다. 이 사랑의 언어는 "행동이 말보다 더 웅변적이다"는 옛 속담에 근거한다. 이런 사람들에게 있어 사랑은 사려 깊고 자상한 행동에 의해 표현된다. 청소기로 바닥을 깨끗이 하고, 설거지를 하며, 쓰레기를 치워주고, 세탁을 하고, 아이들의 숙제를 도와주는 일들이 모두 해당된다. 이것을 사랑의 언어로 여기는 이들에게는 봉사 행위만큼 당신의 사랑을 뚜렷이 확신시켜주는 것이 없다.

그웬이 내 사무실로 찾아왔다. 눈에 띄게 낙담한 모습이었다. "나는 그의 사과가 지겨워요. '미안해, 미안해, 미안해.' 그 말밖에 할 줄 몰라요. 그 말이면 모든 게 해결된다고 생각하나 봐요. 물론 미안하겠죠. 하지만 줄곧 내게 소리지르고 욕을 하면서 미안하다고 말하는 건 아무 소용이 없어요.

내가 알고 싶은 건, 과연 그가 여전히 나를 사랑하는가 아니면 결혼생활을 끝내기를 원하는가예요. 나를 사랑한다면, 왜 집안일을 도와주지 않죠? 내가 음식을 만들고 설거지하는 동안 TV 앞에만 앉아 있는 남자와 사는 게 정말 지겨워요."

그웬의 주요 사랑의 언어는 봉사지만 그녀의 남편이 그 언어를 사용하지 않고 있는 게 분명하다. 따라서 그의 사과는 아무 소용이 없다. 그녀는 남편이 진심으로 미안하다면 그의 따른 행동을 보일 거라고 생각한다.

나는 그웬과 함께 시간을 보내면서 5가지 사랑의 언어를 설명해 주었다. 그리고 남편이 그녀의 사랑의 언어를 모르고 있는 것 같다는 내 추측을 피력했다. 어쩌면 그녀도 남편의 사랑의 언어를 전혀 모를 것이다. 그로부터 3개월이 지나자 그들은 상대방의 주요 사랑의 언어를 알아내어 사용했다. 그들의 결혼생활도 정상으로 되돌아갔다. 마크는 아내에게 말만으로 사과하는 것은 결코 충분하지 않다는 걸 깨달았다. 그것은 보상-사랑의 확증-을 포함해야 했고, 봉사를 통해 표현될 필요가 있었다. 나는 마크를 자주 만나지 않지만, 만날 때마다 그는 사랑과 사과에 관한 통찰력을 갖게 함으로써 자신의 결혼생활을 회복시켜준 데 대해 감사를 표한다.

선물

세 번째 사랑의 언어는 '선물'이다. 사랑의 표현으로 선물을 주고받는 것은 보편적인 일이다. 인류학자들은 전세계의 수백 가지 문화들을 탐구해 왔다. 그들은 선물이 사랑의 표현이 아닌 문화를 단 하나도 찾을 수 없었다. 선물은 '그가 나를 생각하고 있어. 나를 위해 보낸 것 좀 봐' 하는 생각을 갖게 한다.

선물이 비싸야 하는 것은 아니다. '중요한 것은 생각'이라고 사람들이 늘 말하지 않는가? 하지만 중요한 것은 당신의 머릿속에 있는 생각이 아니라 머릿속에 있는 생각에서 나오는 선물이다.

어떤 사람들은 선물 받는 것을 주요 사랑의 언어로 여긴다. 따라서 당신에게서 상처를 받은 사람이 '선물'이라는 사랑의 언어를 좋아하고 또 당신이 저지른 잘못을 만회하길 원한다면, 선물을 주는 것이 효과적인 보상 방법일 것이다.

베다니는 남편의 사과를 진심으로 여긴다. 왜냐하면 그가 그녀의 사랑의 언어를 사용하기 때문이다. "그는 사과를 해요. 그러고서 그날 저녁에, 내게 준 상처를 만회하기 위해 장미 한 송이를 가져와요. 내가 그 의미를 잘 알지는 못하지만 그 장미는 그의 진심을 나타내는 것 같아요. 그래서 그를 용서한답니다."

"이제까지 장미를 얼마나 많이 받았나요?" 하고 내가 물었다.

"열두 번 정도요"라고 그녀는 대답했다. "하지만 그 선물을 받을 때마다 나는 그가 나를 여전히 사랑하고 있음을 느껴요." 그녀에게는 그 선물이 곧 보상이었다.

아들이 백혈병에 걸려 자주 병원 신세를 지는 까닭에, 수잔은 남편의 신경질적인 태도를 이해하려고 노력했다. "남편이 고통과 분노를 내게 많이 쏟아부었지만, 나는 이해하는 마음으로 못들은 체했어요. 어느 날 느닷없이 남편이 병실로 들어왔어요. 꽃과 카드를 가지고 와서 내게 스트레스를 준 것을 사과했죠. 그것은 우리의 결혼생활에서 가장 다정했던 시간들 중 하나였답니다. 남편은 내게 상처를 주었음을 깨닫고서 자진하여 사과했죠. 내게는 꽃과 카드가 사과의 진실성을 보증하는 것이었어요. 그의 진심을 알 수 있었죠."

그는 사과했을 뿐 아니라 수잔의 사랑의 언어인 '선물'을 통해 보상했다.

함께하는 시간

네 번째 사랑의 언어는 '함께하는 시간'이다. 상대방에 대한 관심 집중은 "당신은 내게 중요해요"라고 말함을 뜻한다. 함께하는 시간은 주의가 산만하지 않음을 의미한다. TV를 끈다. 잡지를 테이블 위에 둔다. 청구서를 뒤적이지 않는다. 컴퓨터 화면을 바라보고 있지 않다. 상대방에게 관심을 집중한다. 내가 아내에게 20분을 할애하면, 내 삶의 20분을 준 것이며 아내 역시 내게 그렇게 한 셈이다. 이것은 사랑의 강력한 매개체다.

어떤 이들은 이것을 주요 사랑의 언어로 여긴다. 함께하는 시간보다 사랑을 더 깊이 전달하는 것은 없다. 그런 시간은 중요한 활동이나 계획을 굳이 동반할 필요조차 없다. 단지 둘 사이에 대화만 지속되는 것일 수도 있다. 그런 이들에게는 함께하는 시간이 탁월한 보상 방법이다.

메리는 어느 일요일 결혼 세미나에 참석한 후에 받았던 강력한 사과를 회상한다. 그녀와 남편은 함께 점심을 먹었고 편안한 분위기가 이어졌다. "필은 나를 보며 내게 함부로 대했던 점이 정말 미안하다고 말했어요. 사실 그동안 우리는 서로 대화도 하지 않았답니다.

그는 내 손을 잡고는 세미나 티켓을 구입해서 고맙다고 말했어요. 세미나를 통해 자신의 눈이 열렸고 바람직한 남편상에 관한 도전을 받았다고 했죠. 그의 눈에서 참된 기쁨과 슬픔을 보기만 해도 나는 그가 진실하다는 확신을 가질 수 있었어요. 나와 대화할 시간을 할애하고 지난주의 행동에 대해 사과했다는 사실은 내가 믿기 힘들 정도예요. 과거에는 그가 사과를 시도할 때마다 '미안해'라고 말하는 게 전부였죠. 그것은 마치 핫도그에 케첩을 바르는 것처럼 습관적으로 늘 하는 일에 불과했어요. 그러나 이번에는 달랐어요. 나는 그의 진심을 알았고 그래서 거리낌 없이 용서했답니다."

필은 메리의 사랑의 언어인 '함께하는 시간'을 활용했고 그것이 효과를 발휘했다.

꼭 손을 잡아야 하는 것은 아니지만 상대에게 관심을 집중할 필요가 있다. 상처받은 사람이 당신과 함께하는 시간을 원한다면, 그런 시간을 갖는 것만으로 당신의 사과가 진실함을 확신시켜줄 것이다. 사과하면서 관심을 집중해 주면 충분한 보상이 이뤄진다. 그렇게 하면 상대방으로 하여금 사랑받고 있음을 깊이 느끼게 한다.

스킨십

다섯 번째 사랑의 언어는 '스킨십'이다. 스킨십이 정서에 미치는 힘에 대해서는 이미 잘 알려져 있다. 우리가 아기를 들어올려 꼭 껴안는 이유도 바로 그 때문이다. '사랑'이라는 말의 의미를 이해하기 오래 전에 아기는 스킨십에 의해 사랑받는 걸 느낀다. 어른들도 마찬가지다. 손을 잡거나, 입 맞추거나, 포옹하거나, 어깨에 팔을 걸치거나, 등을 두드리거나 또는 머리를 쓰다듬는 것은 모두 스킨십이라는 언어의 표현이다. 남편과 아내에게만 해당하는 것은 아니다. 스킨십은 엄마와 아들과 아버지와 딸을 포함한 가족 구성원들 모두에게 적용된다.

어떤 이들은 이를 주요 사랑의 언어로 여긴다. 긍정적인 스킨십보다 사랑을 더 깊이 전달하는 것은 없다. 그들에게 접촉 없는 사과는 진실하게 보이지 않을 것이다.

로버트와 그의 열 살 난 아들 잭이 언쟁을 벌였다. 화가 난 로버트는 게으르고 무책임하다며 아들을 질책했다. 잭이 울기 시작했다. 로버트는 자신의 말이 잭에게 너무 심한 상처를 준 것을 알았다.

"화를 내서 미안해. 내가 잘못 말했어. 너는 게으르지 않고, 무책임하지도 않아. 열 살인 네가 놀며 즐기길 좋아하는 건 당연하지. 아빠가 원하는 걸 당부하기 위해 네 게임을 중단시키려 할 때 좀 더 생각이 깊었어야 했는데. 아빠는 널 사랑해. 네 마음을 상하게 했다고 생각하니 내 마음이 아프구나."

그는 잭을 팔로 감싸고 꼭 껴안았다. 잭은 더 심하게 흐느꼈지만 이번에는 큰 안도감을 느껴서였다. 아이가 평정을 되찾았을 때 아빠는 아이의 눈을 보면서 "너를 너무나 사랑한단다" 하고 말했다. 잭도 아빠의 목을 끌어안고서 "나도 사랑해요, 아빠" 하고 말했다. 로버트의 사과는 효과적이었다. 이는 아들의 주요 사랑의 언어인 스킨십으로 보상했기 때문이다.

마티의 사례도 스킨십의 중요성을 잘 보여준다. "남편이 아이들 앞에서 내게 심한 말을 했어요. 그때 내가 반발했고 남편은 자신의 말을 변호했죠. 며칠 후에 우리 가족이 식탁에 앉았을 때, 남편은 내 뒤에 서서 내 어깨에다 손을 얹고서 자신이 잘못했다며 아이들 앞에서 말했어요. 미안하다고 말하면서 나와 아이들 앞에서 그 점을 시인하길 원한다고 했어요. 그의 사과는 다음 몇 가지 이유들로 인해 효력이 있었죠. 첫째는 자신의 잘못을 시인했고, 둘째는 스킨십을 통해 치유를 제공했으며, 셋째는 공개적으로 사과함으로써 아이들에게 중요한 교훈을 가르쳤고, 마지막으로 내 명예를 회복시켜주었어요." 말도 중요하지만, '치유를 제공하고' 남편의 사랑을 확신하게 만든 것은 바로 스킨십이었다.

물론 보상에 있어 한 가지 유형이 모든 상황에 적용되는 것은 아니다. '바로잡으려는' 노력의 실패로 말미암아 많은 남편과 아내들이 낙심하는 것도 바로 그 때문이다. 그들이 무엇을 해도 충분하지 않은 듯했다. 문제는 그들이 상대방의 사랑의 언어로 말하지 않는다는 데 있다. 따라서 효과적인 보상을 위해서는 상대방의 사랑의 언어를 배워서 사과의 일부로 활용할 필요가 있다. 보상을 주요 사과의 언어로 여기는 이에게는 그것이 가장 중요한 사과 내용이기 때문이다.

되갚음과 회복

예수님의 생애와 관련된 흥미로운 이야기가 하나 있다. 예수님이 여리고를 지나가고 계셨는데, 그 마을에 사는 세리 삭개오가 그분의 명성을 듣고 그곳으로 왔다. 세리들은 일반 유대인들에게 별로 인기가 없었다. 종종 그들이 로마를 위해 과도한 세금을 거둬서 그중 일부를 가로챘기 때문이다. 그러나 삭개오는 예수님을 뵙고 그 말씀을 듣고 싶어 사람들 사이에 서 있었다.

키가 매우 작았던 삭개오는 꾀를 짜냈다. 나무에 올라가서 예수님을 볼 계획이었다. 거기에 올라가면 사람들의 눈에는 띄지 않으면서 예수님을 볼 수 있기 때문이었다. 그러나 예수님이 그 나무에 이르렀을 때, 위를 쳐다보며 삭개오에게 "속히 내려오라 내가 오늘 네 집에 유하여야 하겠다"라고 말씀하셨다. 삭개오는 충격과 깊은 감동을 받았다. 분명 그는 예수님이 그의 자기중심적인 생활을 잘 알면서도 기꺼이 자신과 함께하려 하신다는 걸 깨달았다.

곧바로, 삭개오는 지난날의 그릇된 행실을 사과했으며 이어서 자신이 부당하게 가로챈 돈을 갚기로 결심했다. 예수님은 이를 진실한 자백의 표시로 이해하셨고, 삭개오를 자신의 과오를 처리하는 자의 본보기로 삼으셨다 눅 19:1-10 참조.

🍎 보상을 위한 말

- "내가 저지른 일을 만회하기 위해 무슨 일을 하는 게 좋을까요?"
- "내가 당신에게 깊은 상처를 주었어요. 그 빚을 갚기 위해 무언가 하고 싶은데, 어떻게 해야 할지 알려주실래요?"
- "내가 '미안해요'라고 말하는 것만으로는 옳지 않다고 봐요. 내가 행한 일을 만회하고 싶어요. 어떻게 하는 게 좋을까요?"
- "내가 당신에게 불편을 끼쳐드렸어요. 그것을 만회하기 위해 내 시간을 할애하려고 하는데 괜찮으시겠어요?"
- "당신의 명예를 손상시켜서 죄송해요. 그 일을 공개적으로 사과해도 될까요?"
- "내가 이 약속을 여러 차례 어겼어요. 이번에는 내 각오를 문서로 남길까요?"

> **인상적인 한마디!**
> "평화를 조성하고 지키기 위한 가장 기본적인 원칙들 중 하나는 화해를 위한 솔직한 시도가 있어야 한다는 것이다." _지미 카터

chapter

[사과의 언어 no.4]

다신 안 그럴게 - 진실한 뉘우침

"우리는 허구한 날 같은 문제로 언쟁을 벌여요." 결혼한 지 30년이 된 한 아내의 말이다. "대부분의 부부들이 그럴 거예요. 나를 가장 난감하게 하는 건 성나게 하는 행동이 아니라, 그런 행동을 반복한다는 거예요. 남편은 사과를 하죠. 다시는 그러지 않겠다고 약속해요. 하지만 또 그런 일을 반복해요. 내가 진심으로 원하는 건 남편의 사과가 아니라 그런 행동을 반복하지 않는 거랍니다." 이 여성은 남편의 뉘우침을 원했다.

'뉘우침'이라는 단어는 '돌이킴' 또는 '마음을 바꿈'을 뜻한다. 이를테면 어떤 사람이 서쪽으로 걷다가 어떤 이유에서든 갑자기 180도 방향을 돌려 동쪽으로 걷는 것과 같다. 사과의 정황에서 그것은 자신의 현재 행동이 파괴적임을 깨달음을 뜻한다. 그는 상대방에게 야기시킨 고통을 후회하며 자신의 행동을 바꾸기로 결심한다.

뉘우침은 "미안해요. 내가 잘못했어요. 어떻게 하면 내가 보상할 수 있겠어요?"라고 말하는 것 이상이다. "이런 짓을 다시는 하지 않도록 노력할게요"라고 말하는 것이다. 어떤 이들은 사과의 진실성을 보여주는 것은 뉘우침이라고 생각한다. 가해자의 뉘우침은 피해자의 용서를 이끌어 낸다.

진실한 뉘우침이 없다면, 다른 사과의 언어들이 무용지물이 될 수 있다. 상처 입은 사람이 알고 싶어하는 것은, "당신은 달라질 건가요, 아니면 다음에도 이런 짓을 계속할 건가요?"이다. 연구 과정에서 우리는 그들이 진정으로 원하는 대답을 듣게 되었고, 정리하면 다음과 같다.

- "변화된 모습을 보여주고 다음번에는 달라지는 겁니다."
- "같은 짓을 다시는 반복하지 않는 법을 발견하길 기대해요."
- "개선을 위한 계획, 실패하지 않고 성공할 계획을 가졌으면 해요."
- "진실한 사과는 감정을 상하게 하는 짓을 반복하지 않으려는 노력을 포함해야 해요."

뉘우침의 길 1단계 : 변화 의지를 표현하라!

그러면 뉘우침의 언어를 어떻게 말할 수 있을까? '그것은 변화 의지의 표현과 더불어 시작된다.' 모든 참된 뉘우침은 마음에서 시작된다. 우리는 자신의 행동이 잘못임을, 자신의 행위가 사랑하는 사람에게 상처를 주었음을 자각한다.

우리는 이런 행동을 계속하고 싶지 않다. 따라서 우리는 하나님의 도우심으로 변할 것을 다짐한다. 그리고 이 결심을 우리로 인해 상처 입은 사람에게 말한다. 우리가 더 이상 변명하고 있지 않음을 시사하는 것은 바로 변하려는 결심이다.

27세인 애비는 자신의 남편인 밥이 사과를 잘한다고 생각한다. "그의 사과를 진실하게 여기게 만드는 것이 뭐죠?"라고 내가 물었다.

"그는 매우 솔직해요. 그리고 특히 내가 좋아하는 건 그가 다시는 반복하지 않도록 노력하겠다고 말한다는 점이에요. 내게는 이것이 정말 중요해요. 말만 듣고 싶진 않아요. 그가 변화 의지를 보일 때마다 나는 기꺼이 용서한답니다."

35세인 짐은 자신이 원하는 사과를 이렇게 설명했다. "나는 나에게 상처 준 사람이 전화가 아니라 직접 찾아와서 자신의 잘못을 시인하기를 그리고 다시는 그런 일이 일어나지 않도록 고치겠다고 말하길 기대해요. 나는 그가 진실하길 바라며, 또한 나름대로 열심히 노력하겠으니 참을성 있게 지켜봐달라고 말하길 원해요."

상대방이 직장 동료든, 가족 구성원이든 짐은 인내하며 기다려서라도 변화를 보길 원한다. "변화가 하룻밤에 일어나는 게 아님을 나도 알지만, 기꺼이 변하려는 노력을 계속한다는 게 중요하죠."

어떤 사람은 실제로 변하지 않을 수도 있다는 두려움 때문에 변화 의지를 말로 표현하길 꺼려할 수도 있다. "괜히 말을 했다가 문제를 더 악화시키지 않을까요?"라고 누군가가 내게 물었다. 행동 변화가 시간을 요하는 것은 사실이며, 그 과정에서 우리는 실패를 경험할 수도 있다. (이 점에 대해서는 뒤에서 따로 언급할 것이다.) 하지만 이러한 실패에 대한 두려움 때문에 진실한 변화를 적극적으로 도모하는 일을 기피할 필요는 없다.

"변화 의지를 표현하지 못하면 어떻게 될까?"가 더 중요한 물음이다. 당신의 철학은, "단지 변화를 도모할 뿐 말하지는 말라"일 수도 있다. 이 경우의 문제점은 피해자가 당신의 마음을 읽을 수 없다는 것이다. 그는 변화하려는 당신의 결심을 알지 못한다. 그가 변화를 목격하기까지는 여러 주나 여러 달이 걸릴 수도 있지만 그때에도 그들은 무엇이 그 변화를 야기시켰는지를 모를 수 있다. 사과할 때에는 당신의 변화 의지를 알리는 것이 훨씬 낫다. 그러면 상대방은 당신이 진심으로 잘못을 자각함을 그리고 당신의 변화 의지가 확실함을 알게 된다. 당신이 곧바로 100% 성공할 수는 없기 때문에 인내심을 가져주길 원하지만 당신의 변화 의지만큼은 확실하다고 상대방에게 말하는 게 좋다. 이제 그는 당신의 의향을 알며 당신의 사과가 진실함을 자각하기 때문에, 실제로 변화가 일어나기 전에도 당신을 용서할 것이다.

사과는 하지만 고치지는 않을 겁니다

당신이 하고 있는 일을 윤리적으로 그릇된 것이 아니라고 생각한다면 변화 의지를 표현하기가 힘들 수도 있다. 당신의 행동이 다른 사람들에게 상처를 주지만, 당신은 그것을 단지 자신의 독특한 모습일 뿐이라고 믿는다.

크레이그는 천성적으로 농담을 잘하고 쾌활하다. 문제는 상스러운 농담을 많이 한다는 점이다. 그 때문에 아내 베티가 상처를 많이 입는다. 크레이그는 "이봐, 그건 추한 농담이 아니야. 누구나 그러려니 하고 넘어갈 수 있는 농담이라구"라고 말한다. 그러나 베티는 웃지 않는다. 그의 농담은 그들의 결혼생활에 큰 문제가 되었다. 그럼에도 크레이그는 "당신의 마음을 아프게 해서 미안해. 그럴 생각은 아니었는데"라고 말은 하지만 "내가 잘못했어. 앞으로 그런 농담을 하지 않을게"라고는 말하지 않는다.

내 사무실에서 그는 "다른 사람들은 내 농담을 불쾌하게 여기지 않아요"라며 자신을 변호했다. 조금만 조사하고서도 우리는 그의 말이 거짓임을 알아냈다. 많은 사람들이 특히 그의 사무실 여직원들이 그의 농담을 불쾌하게 여겼다. 그들은 단지 그 문제로 그와 부딪히고 싶지 않았을 뿐이다. 몇 주 후에 내가 이 사실을 크레이그에게 알려주자 그는 생각을 달리하기 시작했다.

하지만 크레이그는 전에 자신의 행동을 뉘우쳤어야 했다. 자신의 농담이 아내에게 깊은 상처를 주며 감정적인 골을 깊게 했다는 사실만으로도 그는 적극적으로 변화를 시도했어야 했다. 사실, 이혼 지경까지 이르게 된 것은 그가 뉘우치려 하지 않았기 때문이다. 자신이 변하든 아니면 결혼생활을 잃든 해야 한다는 걸 깨달았을 때, 그는 기꺼이 변화를 시도했다. 이는 16년 전의 일이었다. 현재 크레이그와 베티는 결혼생활을 굳건히 유지하고 있다. 그들은 소속 교회에서 부부생활 개발팀을 이끌기까지 한다.

윤리적으로 그릇된 일만 바꿀 필요가 있다고 생각하는 것은 잘못이다. 건강한 결혼생활에서, 종종 우리는 도덕성과는 아무런 상관도 없는 조화로운 결혼생활을 구축하기 위해 변화를 꾀하기도 한다. 이를테면, 나는 청소기 돌리는 일을 좋아하지 않지만 정규적으로 그 일을 한다. 캐롤린의 주요 사랑의 언어가 봉사라는 걸 알게 되었을 때, 나는 아내의 요구를 들어주는 일에 둔감했던 점을 뉘우쳤다. 바닥 청소는 아내가 매우 고맙게 여기는 특별한 사랑의 언어다.

바닥 청소 자체는 윤리적인 문제가 아니다. 하지만 그것은 '부부 간의' 문제이며 아내로 하여금 사랑받고 있는지를 확인할 수 있게 해 주는 기회일 수 있다. 나는 사랑 탱크가 가득 찬 아내와 살길 원한다. 따라서 나의 뉘우침은 행복한 여자와 함께 사는 특권을 위해 지불하는 자그마한 대가였다.

뉘우침의 길 2단계 : 변화 계획을 세우라!

뉘우침의 길로 내려서는 두 번째 단계는 변화를 실행하기 위한 계획을 세우는 것이다. 종종 사과를 통한 관계회복이 실패하는 이유는 적극적인 변화를 위한 계획이 없기 때문이다. 잔과 클라이드는 최근에 결혼

25주년을 기념했다. 그러나 그녀는 그간의 결혼생활을 통해 얻은 것이 별로 없다고 했다. "남편에게는 음주 문제가 있어요. 종종 그는 술을 마시고 실수를 하는데 사과는 하지만 그건 말뿐이죠. 술을 마시면 매번 똑같은 행동을 하거든요."

그가 치료센터의 도움을 받으면 그들의 생활양식이나 결혼생활이 변할 수 있겠지만, 지금까지도 클라이드는 변하기 위한 계획을 세우려 하지 않는다. 그래서 같은 행동을 반복하고 있다.

난 그를 잃고 싶지 않아요

내가 릭과 리타를 만난 것은, 뉴올리언즈에서 5가지 사랑의 언어에 관해 강의한 직후였다. 릭은 "우리의 결혼생활에는 문제가 있어요" 하고 말을 시작했다. 1년 전에 『5가지 사랑의 언어』를 읽은 후에 자신의 사랑의 언어가 스킨십과 함께하는 시간임을 알게 되었다고 했다. 그는 이를 리타에게 말했고 리타가 그 점을 배려해줄 것으로 생각했다.

"당시에는 아내가 나를 사랑하지 않는다고 생각했어요." 리타가 곁에 서 있는 자리에서 릭이 말했다. "아내는 자기 어머니나 친구들과만 시간을 보냈죠. 나와 결혼했다기보다는 그들과 결혼한 것 같은 느낌이었어요. 아내는 내게 미안하다고, 나에게 상처를 주고 싶지 않았다고, 나를 너무나 사랑한다고 그리고 나의 사랑의 언어들을 사용하려고 노력하겠다고 말했지만, 말뿐이었어요. 아무 것도 변하지 않았죠. 마치 아무런 대화도 없었던 것처럼 말이죠. 1년이 지났지만, 나는 여전히 아내의 사랑을 느끼지 못해요. 나에 대해서나 우리의 결혼생활에 대해 아내가 관심이 없는 것 같은 느낌입니다."

나는 곁에 서 있는 리타를 바라보았다. "난 남편을 정말 사랑해요. 단지 내가 '스킨십'에 익숙하지 않은 가정에서 자랐을 뿐이에요. 나도 남편과 함께 시간을 보내고 싶어요. 하지만 나는 풀타임으로 일하고, 우리 어머니는 요구가 많으며, 또한 나는 일주일에 하루 정도는 친구들과 어울리고 싶답니다. 그러다 보면 어느새 일주일이 다 지나가 버리죠."

"더 나은 결혼생활을 진심으로 원하나요?" 내가 리타에게 물었다.

"정말 원해요" 하고 그녀가 대답했다. "남편은 좋은 사람이에요. 난 그를 잃고 싶지 않아요." 약 5분 동안 나는 스킨십이라는 사랑의 언어를 배우기 위한 계획을 그녀에게 알려주었다. 그리고 함께하는 시간에 관해 몇 가지 생각을 나누었다. 나는 월요일과 수요일과 금요일 밤에 15분간 릭과 함께 앉아 그날 있었던 일을 얘기해 볼 것을 리타에게 제의했다. 함께하는 시간에 관해 『5가지 사랑의 언어』라는 책에서 제시하는 개념들을 찾아보라고도 말했다. 이렇게 실행을 위한 계획을 구체적으로 세워 본 것이다.

6개월 후에 편지 한 통을 받지 않았다면 나는 그 대화를 잊었을 것이다. 릭은 이렇게 썼다. "채프먼 박사님, 뉴올리언즈 세미나 때 우리 부부와 함께해 주신 시간에 대해 너무나 감사드려요. 그 만남으로 인해 우리의 결혼생활이 확연하게 달라졌습니다. 리타가 당신의 계획을 진지하게 받아들였어요. 아내는 나의 사랑의 언어를 유창하게 말해요. 나는 행복한 남편이며, 당신이 우리의 결혼생활에 큰 변화를 가져다주었어요."

리타는 계획을 실행으로 옮겼다. 그녀는 훨씬 이전부터 남편의 요구를 채워주길 원했었지만, 변화를 도모할 계획을 받아들이기 전까지는 그 생각을 실행에 옮길 수 없었다. 계획이 굳이 정교할 필요는 없지만 구체적일 필요는 있다.

그는 너무나 진실했고, 그 점이 나를 울렸답니다

때로는 상처 입은 자가 가해자로 하여금 계획을 실행에 옮기도록 도와줄 수도 있다. 본서를 위해 연구하는 중에, 나(제니퍼)는 한 여성 소그룹에게 '5가지 사랑의 언어'에 관해 강연했다. 그로부터 몇 주 후에 클라라에게서 전화가 왔다. 그 소그룹에 참석했던 여성들 중 하나였다. 그녀는 다음과 같은 얘기를 들려주었다. "현재 내 남편 쳇은 정말 멋진 아빠지만, 그렇게 된 계기가 있었어요. 어느 날 밤에, 그는 분노와 실망에 사로잡혀 네 살짜리 아들을 심하게 꾸짖었죠. 아이가 아빠의 심기를 건드린 겁니다. 남편이 아들을 때린 것은 아니지만, 화내는 모습을 본 아이가 깜짝 놀랐어요. 나는 너무 황당해서 아이들에게 또다시 그런 식으로 대하면 떠나버릴 거라고 남편에게 말했어요."

클라라와 그녀의 남편은 떠나겠다는 말로 서로를 위협하지 않기로 약속했지만, 그녀는 남편의 행동에 대해 분노와 당혹감을 느꼈다. "아이를 아이 아빠로부터 지켜야 한다는 사실이 난 두려웠어요"라고 설명했다.

"남편에게 그 일에 대해 사과해 달라고 했어요. 그랬더니 그는 '미안해, 하지만…'이라고 말한 뒤 자신의 화를 돋우는 아들의 행동에 대해 얘기하기 시작했어요. 30분간 얘기를 나눈 후에, 나는 더 이상 진전이 없을 거라고 생각했답니다." 그래서 클라라는 사과 강연에서 배운 것을 언급하면서 그 개념들을 활용해 보자고 부탁했다. 쳇은 미안하다고 말했지만, 클라라에게는 성의 없게 들렸다.

"나는 화난 감정으로 책망하는 행동이 100% 잘못임을 남편이 알기를 원했어요. 그 행동이 아들과 나를 위협하는 것임을 그가 알았으면 했죠." 클라라는 다시는 그런 행동이 반복되지 않게 할 계획을 원했다. 또한 그 계획을 실행에 옮기려는 남편의 노력을 보길 원했다.

"내가 사과의 언어에 대해 알기 전이었다면, 남편의 미심쩍은 사과를 받아들였을 거예요. 마음의 상처와 분노를 느끼면서 참았을 겁니다. 우리의 결혼생활에서 친밀함이 점점 사라졌을 거예요. 다행히도 정반대의 상황이 전개되었어요. 내가 원하는 것을 얘기하자 남편이 따라주었어요. 그는 진심으로 뉘우쳤고 자신의 잘못을 시인했답니다."

둘이서 함께 계획을 세웠고 다음 날 아침에 쳇이 사과했다. "그는 너무나 진실했고 그 점이 나를 울렸답니다. 눈물이 내 영혼의 상처와 분노를 가라앉혔고 우리는 더욱 친밀해졌어요. 그는 아들에게도 사과했죠. 아들이 '아빠, 나는 정말 깜짝 놀랐어요'라고 말했어요. 남편은 마음 아파했어요. '아빠를 용서해주겠니?' 하고 물었죠. 아들이 '그럼요'라고 대답하자 남편은 '다시는 그러지 않을게'라고 말했어요."

클라라는 그들 부부가 함께 실행에 옮긴 계획의 일부를 내게 알려주었다. 쳇이 아이들에게 화가 나기 시작하면 클라라에게로 가서, "열이 나기 시작해요. 당신이 좀 맡아줄래요?" 하고 말한다. 그러고는 동네를 한 바퀴 돌고 집으로 돌아와서 어떤 식으로든 아내를 도우려고 노력한다. "지금까지 이 계획은 매우 효과적이었어요"라고 클라라가 말했다. 문제가 되는 행동을 고치기 위해서는 부부가 함께 돕는 것이 이상적이다.

뉘우침의 길 3단계 : 변화 계획을 실행하라!

'뉘우침의 길로 내려서는 세 번째 단계는 계획 실행이다.' 실행되지 않는 계획은 심기지 않은 씨앗과 같다. 계획이 효력을 발휘하려면 생각과 행동이 요구된다. 종종 나(게리)는 내가 모색하고 있는 변화들을 적은 카드를 거울에 붙여 두고서 아침에 면도할 때마다 본다. 그 내용을 늘 최우선적으로 기억하기 위한 방법이다. 내가 오늘 다르게 행동하려고 노력할 사항을 의식적으로 자각하면, 변화를 도모하기가 훨씬 쉬워진다.

또한 계획을 기록해 두면, 막연한 내용을 구체화하는 데 도움이 된다. 이를테면, "나의 좋지 않은 감정의 원인을 아내 탓으로 돌리지 않으려고 노력할 것이다"라는 막연한 계획을 세울 수 있다. 보다 구체적인 계획은 이런 것이다. "나는 '당신' 보다는 '나' 라는 말로써 말을 시작할 것이다." 예를 들면, "당신이 나를 화나게 해"보다는 "내가 화가 나"라고 말할 수 있다. 이런 계획은 구체적이므로 보다 실행하기 쉽다. 계획을 실행하는 모습은 당신의 사과가 진실함을 보여주는 증거다.

작은 변화, 큰 효과

조엘의 아내 조이스는 걸핏하면 싸우려 든다. 조엘이 생각하기에, 아내의 말은 모조리 부정적이며, 자신이 무슨 말을 하든 아내는 반대했다. 상담 과정에서 분명해진 것은 조이스가 흑백 논리에 빠져 있었다는 점이다. 그녀는 모든 것을 좋거나 나쁜 걸로 또는 옳거나 그른 걸로 보는 경향이 있었다. 따라서 자신의 생각이 조엘의 그것과 다르면, 그의 생각을 '그릇된' 것으로 간주했다.

그녀가 도덕적으로 그릇된 것과 단지 행동이나 관점이 다른 것 간의 차이를 이해하는 데에는 시간이 많이 걸리지 않았다. 삶이란 도덕적인 범주에 들지 않는 부분이 많다. 집을 칠하거나, 세차하거나, 또는 잔디를 깎는 방식은 도덕적인 문제가 아니다. 정죄하지 않고서 반대 입장을 피력하는 법을 찾는 게 중요하다.

또 한 가지 사실은, 사람들마다 인식하는 방식이 다르다는 것이다. 자신의 말투가 조엘에게는 비판적으로 들리고 그래서 그에게 깊은 상처를 주며 그들의 결혼 관계마저 위협한다는 점을 깨달았을 때, 조이스는 자신의 의사소통 방식을 바꿀 수 있는 방법을 연구하기 시작했다.

조이스가 개발한 계획들 중 하나는, 자신이 조엘의 생각에 동의할 수 없을 경우에 먼저 인정해주는 말을 하고 나서 자신의 의견을 밝힌다는 것이다. 우리는 그녀가 시도할 수 있는 긍정적인 말들을 세 가지 적어 보았다.

1. "그것 참 흥미로운 관점이네요."
2. "나도 그 점을 인정해요."
3. "그 개념과 관련하여 내가 좋아하는 것들 중 하나는…"

함께 대화하는 중에, 조이스는 '내 생각은…'이라는 표현으로 말을 시작하기로 다짐했다. 조엘은 이 계획이 자신에게 큰 효과를 발휘할 것이며 또한 자신의 견해를 존중하려는 조이스의 노력을 진심으로 고맙게 여길 거라고 말했다.

다음 주에, 조이스는 그 계획을 실행하기가 매우 힘들었다고 했다. "내 습관이 하도 오래 된 거라서 생각과 말투를 바꾸기가 힘들어요. 하지만 지난 주 중간쯤에 내가 변하기 시작했어요. 조엘의 반응이 달라진 것을 내가 곧바로 볼 수 있었어요. 그의 미소를 보고서 그리고 나의 노력을 그가 기뻐한다는 걸 알고서 나는 계속할 용기를 얻었어요."

그녀는 그 세 가지 문구를 적은 카드를 가지고 다니면서 하루에 여러 차례 읽었다. 그리고 이렇게 말했다. "그 카드가 정말 도움이 되었어요. 그처럼 작은 변화가 우리의 관계에 그토록 큰 효과를 발휘할 줄은 전혀 몰랐어요."

대가 계산

때로는 변화 계획을 실행하기 위한 대가가 엄청날 수도 있다. 캐롤린은 자신의 우울증과 배신감을 처리할 방법을 상담하기 위해 나(제니퍼)를 찾아왔다. 그녀는 매력적인 운동선수인 크리스와 결혼했다. 둘 다 22세 때였다. 첫 아이가 태어난 직후, 크리스가 더 젊은 여자와 불륜을 저질렀다. 그 일이 캐롤린에게 들켰을 때, 크리스는 잘못을 시인했고 결혼생활을 회복하길 원한다고 말했다.

상담 중에 캐롤린과 나는 결혼생활을 회복하기 위해 그녀가 원하는 조건에 대해 논의했다. 캐롤린은 크리스가 자신의 잘못을 사과할 뿐만 아니라 삶을 바꾸겠다는 말을 하기 원했다. 결국 크리스는 매우 과감한 변화를 시도했다.

유혹을 피하기 위해 프로 스포츠계를 떠나 사무직을 얻었다. 게다가 어디로 갈 것인지를 캐롤린에게 미리 알리고 자신의 핸드폰과 이메일 요금 청구서를 개방함으로써 그녀의 신뢰를 회복하려고 노력했다. 이런 변화를 본 캐롤린은 크리스를 용서했고, 5년이 지난 지금도 그들은 굳건한 결혼생활을 유지하고 있다.

"처음에는 크리스가 나를 위해 그렇게 변할 거라고 믿지 못했어요. 운동선수 직업을 포기하라고 요구하지도 않았죠. 하지만 그의 행동은 진중했어요. 그의 진실한 노력을 보면서 나는 그의 사랑을 많이 느끼고 있어요."

실패하면 어쩌나?

건설적인 변화 계획을 실행에 옮긴다고 해서 곧바로 성공하는 것은 아니다. 진지하게 노력해도 종종 실패를 겪는다. 이 실패로 인해 좌절할 필요는 없다.

론다와 제프는 결혼한 지 4년째다. 다음 내용은 론다가 결혼 초기에 있었던 일을 얘기한 것이다. "결혼 9개월 때 제프가 실직했어요. 우리의 수입이 50% 감소한 거죠. 9개월 반 동안 직장을 얻지 못하자 그는 의기소침해졌어요. 이 기간에 그는 나를 떠나겠다고 위협했어요. 나는 그가 낙심한 상태임을 알고 있었으므로 그를 비난하지 않으려 했지만 깊은 상처를 받은 것은 사실이에요. 나중에 그는 나를 떠나겠다고 위협한 데 대해 사과했죠. 그것은 어리석은 생각임을 알았다고 그리고 미안하다고 말했어요. 그런 말을 다시는 하지 않으려고 노력하겠다고도 했어요.

그러나 한 달 정도가 지난 어느 날, 잔뜩 화가 난 그가 '나는 당신에게 좋은 남편이 아니야. 그러니 떠나는 게 좋겠어'라고 말했어요. 나를 너무나 불안하게 만들었죠. 그래서 그 말이 얼마나 큰 상처가 되는지를 그에게 말했어요. 다음 날 그는 다시 사과했고 자신이 너무 의기소침했을 뿐이며 내 잘못이 아니라고 했어요. 그리고 자신을 위해 기도해달라고 부탁했어요. 떠난다는 말을 다시는 하고 싶지 않다고도 했구요."

분명, 론다는 제프가 결혼생활을 구하려고 노력하고 있음을 깨달았다. 그래서 처음에 사과하고 나서 실패했을 때에도 그를 외면하지 않았다. 다만, 그의 실패에 대해 지적은 했다. 그는 기꺼이 사과하고 다시 시도했다. 한두 차례 실패했다고 해서 변화 계획을 실행하는 일 자체가 실패했음을 뜻하는 것은 아니다. 자신의 실패를 기꺼이 인정하고 다시 시도하는 것이 중요하다.

다시 시도하라

변하려고 노력하는 중에 실패할 때에는 가급적 빨리 실패를 시인해야 한다. 알코올 중독 방지회Alcoholics Anonymous가 알코올 중독을 극복하도록 돕는 일에 그토록 성공적인 것도 바로 그 때문이다. 그곳에서 제시하는 열두 단계들 중 하나는, "하나님과 자신과 다른 사람에게 자신의 잘못을 정확히 시인하라"이다.[10] 자신의 잘못을 인정하고 하나님과 신뢰할 만한 다른 사람에게 그 잘못을 자백하는 것은 겸손과 솔직함을 요하지만 새로 시작할 수 있는 기회를 제공한다.

몇 주 전에, 나는 여섯 살난 손녀와 함께 놀고 있었다. 아이는 레고로 구조물을 만들려고 했다. 어떤 단계에 이르면 구조물이 줄곧 무너져 버렸다. 아이는 점점 낙심에 빠지고 있었다. 그래서 내가 말했다. "할아버지가 어렸을 적에 어머니에게서 '처음에 성공하지 못하면 또다시 시도해라' 는 말을 들었단다. 무슨 뜻인지 이해하겠니?" 손녀는 고개를 끄덕였고 그 작업을 계속해 나갔다.

그날 오후에 나는 오이절임 항아리를 열려고 끙끙대고 있었다. 그 모습을 본 손녀가 "처음에 성공하지 못하면, 또다시 시도해요" 하고 말했다. 나는 웃었다. 아이도 웃었고 나는 다시 시도했다. 이번에는 성공했다. 그것은 중요한 교훈이다.

대부분의 사람들은 사과 후에 곧바로 완벽해지는 걸 기대하지 않는다. 다만 그들은 노력을 보고 싶어할 뿐이다. 한 배우자가 실패 후에 곧바로 포기하고서 더 이상의 변화 노력도 없이 예전의 행동으로 돌이킨다면, 사과 자체가 무성의한 것으로 간주된다. 사과하는 사람이 그 순간에는 진실하게 보일 수 있겠지만, 뉘우침을 통해 끝까지 노력하는 모습을 보이지 못한다면 그 사과가 무의미해진다. 뉘우침을 주요 사과의 언어로 여기는 사람에게는 특히 그렇다.

따라서 이런 사람에게는 당신의 변화 의지를 피력하고 구체적인 계획을 제안하는 것이 사과에 있어 매우 중요한 부분이다. 변화 계획을 세우도록 도와달라고 피해자에게 부탁하는 것은 뉘우침을 가장 효과적으로 보여주는 방법일 것이다.

당신은 다음과 같은 말들을 활용할 수 있다.

● 진실한 뉘우침의 말

- "내 행동이 당신을 매우 고통스럽게 했다는 걸 난 알아요. 다시는 그런 짓을 하고 싶지 않아요. 내 행동을 변화시킬 수 있는 방법을 알려주면 명심할게요."
- "내가 하는 행동이 유익하지 않다는 걸 알아요. 당신에게 더 좋아지게 하려면

내가 무엇을 바꿔야 할까요? 말씀해 주시면 다시 그러지 않도록 주의할게요."
- "나는 정말 변하고 싶어요. 내가 완벽해지려는 건 아니지만, 정말 이 행동을 바꾸려고 노력하고 싶어요. 내가 옛 패턴으로 돌이킬 때마다 지적해주시겠어요? "퇴보"라고만 말해 주세요. 그러면 방향을 돌이키는 데 많은 도움이 될 거예요."
- "내가 같은 실수를 반복해서 당신의 심기를 불편하게 해드렸군요. 당신의 신뢰를 회복하려면 내가 어떻게 해야 할까요?"
- "이것은 오랫동안 굳어진 패턴이에요. 나는 변하고 싶지만 힘들다는 걸 알아요. 내가 도중에 실패해서 당신에게 다시 상처를 줄 수도 있어요. 나의 변화 노력을 지속할 수 있는 방법을 찾아내도록 도와주고 격려해주신다면 정말 감사하겠어요."

인상적인 한마디!

"뉘우침은 빠를수록 좋다. 왜냐하면 너무 늦어버릴 때가 얼마나 빨리 닥칠지 모르기 때문이다." _토머스 풀러

chapter

[사과의 언어 no.5]
날 용서해줄래? – 용서 요청

   여러 해 전에 우리(제니퍼의) 어머니는 시카고에 위치한 사무실에서 직장 동료들과 즐겁게 근무하셨다. 그런데 어느 날, 한 동료가 어머니에게 불평을 했다. 어머니가 '결코 사과하지 않는다'는 것이었다. 순간 어머니는 자신이 저지른 실수를 기억해냈다고 한다.

   "나는 곧바로 사과했어야 했다는 생각이 들었어." 어머니가 내게 말했다. "내 책임을 인정하고 불편을 끼쳐서 미안하다고 말했어야 했지. 그래서 나는 어떻게 사과하면 좋겠는지를 진지하게 물어 보았어. 그러자 그 동료는 '당신은 내게 용서를 구하지 않았어요' 하고 큰 소리로 말하더구나. 나는 곧장 '그렇군요. 나는 당신이 나를 용서해주길 진심으로 원해요. 우리의 관계가 정말 소중하기 때문이죠' 라고 했고, 그녀는 환하게 웃으며 나를 용서하겠다고 했단다. 우릴 둘 다 웃음을 터트렸고, 관계가 다시 회복되는 순간이었지."

   그것은 3월의 어느 화창한 날에 내 어린 시절을 보냈던 집의 주방에서 어머니가 들려준 얘기였다. 어머니는 채프먼 박사를 알고 있었고, 나는 채프먼과 책을 함께 쓰고 있었다. 그래서 내가 사과의 언어라는 개념을 설명해드렸다. 자신의 동료에 관해 생각하면서 어머니는 이렇게 덧붙였다. "그이는 자신의 사과의 언어를 내게 알려주고 있었던 걸로 보여."

"맞아요, 어머니. 그분의 사과의 언어는 용서를 구하는 거였어요. 그런 얘기를 어머니에게서 듣고 싶었던 거죠. 그 얘기를 하셨다니 정말 다행이에요. 그건 우리가 연구 중에 발견하고 있는 사실이기도 해요. 한 사람이 사과로 여기는 것을 다른 사람은 그렇게 여기지 않을 수도 있어요." 제니퍼가 어머니와의 이 같은 대화 내용을 내게 말했을 때, 여러 해 전에 상담해주었던 한 부부가 문득 생각났다.

앤지는 마틴과 결혼한 지 9년이 지난 때에, 마틴이 사무실의 한 여성과 불륜 관계에 빠진 것을 알게 되었다. "나는 당신과 브렌다와의 관계를 알아. 증인도 있어. 그러니 발뺌할 생각은 말아요"라고 그녀가 말했다. 그녀는 마틴에게 선택을 요구했다. 집을 나가든지 아니면 불륜 관계를 청산하고 상담을 받으러 가든지 하라는 거였다. "마누라가 둘일 순 없어. 선택은 당신에게 달렸어요."

마틴은 떠났지만, 1주일이 채 못 되어 돌아와서 결혼생활을 회복하길 원하며 브렌다와의 관계를 깨끗이 끝내겠다고 말했다. 상담을 시작한 지 몇 주가 지나면서, 앤지는 "마틴이 내게 용서를 구하지 않는다는 게 나를 힘들게 해요. 그가 미안하다고 말했고, 나는 그가 브렌다와의 관계를 청산했다고 믿어요. 그 점을 믿지 않는다면 결혼생활을 할 수 없을 거예요. 사실, 브렌다는 회사를 그만두었고 우리의 결혼생활이 회복되어 기쁘다고 내게 말했답니다. 하지만 마틴은 내게 용서를 구하지 않아요"라고 말했다.

"당신은 억지로 그 말을 시키는 것 같구려" 하고 마틴이 말했다.

"당신에게 무얼 강요하는 게 아녜요." 앤지가 말했다. "다만 당신은 자신의 잘못을 시인하려 하지 않는 것 같아요."

"내가 잘못했다고 말했잖소." 마틴이 대답했다.

"그렇다면 왜 용서를 구하지 않나요?" 그녀가 반박했다. "나는 기꺼이 당신을 용서할 거예요. 당신을 용서하고 싶단 말이죠. 그러나 당신이 용서받길 원치 않는데 내가 어떻게 용서할 수 있겠어요? 당신은 진정으로 잘못한 게 없으므로 용서가 필요 없다고 생각하는 것 같아요. 난 그 점을 이해할 수가 없어요."

"내가 잘못했다는 걸 알아요." 마틴이 말했다. "다만 당신에게 용서를 구하는 일이 너무 힘들 뿐이야." 그는 머리를 저었다. 눈물을 글썽이며 그가 말했다. "그게 왜 그토록 힘든지 나도 모르겠어."

앤지의 주요 사과의 언어는 분명 용서 요청이다. 그가 듣고 싶은 말은 "나를 용서해주시겠어요?"이다. 그녀에게는 그것이 진실한 사과다. 그녀는 기꺼이 용서할 것이다. 사실 그녀는 용서하길 원하지만, 마틴이 용서의 필요성을 자각하고 있음을 확신하고 싶어한다.

반면에 마틴은 그런 말을 하는 게 무척이나 힘들다. 그것은 그에게 친숙한 언어가 아니다.

연구 과정에서, 세상에는 앤지 같은 사람들이 많다는 것이 밝혀졌다. "당신은 어떤 사과를 원하나요?"라는 질문을 받을 때, 다섯 명 중 한 명(21%)은 "상대방이 용서를 구하길 원해요"라고 대답했다.[11] 그들에게는 그런 말이 진실성을 입증해준다. 그러면 용서 요청이 어떤 이들에게는 그토록 중요하지만 또 어떤 이들에게는 그토록 사용하기 힘든 언어인 걸까?

왜 용서를 구하는가?

용서를 요청하는 것이 왜 그토록 중요한 걸까? 우리가 발견한 대답은 다음과 같다.

첫째, 용서를 구하는 것은 어떤 이들에게는 관계 회복을 원한다는 마음의 표현이다. 론과 낸시는 결혼 15년차이며, 론의 사과의 언어는 용서 요청이다. "아내가 용서를 구할 때, 나는 아내가 잘못을 슬쩍 넘어가려 하지 않는다는 걸 알아요. 그녀는 우리의 관계가 진실하길 원해요. 그녀가 무슨 사과를 하든 내게 용서를 구하는 단계에 이르면, 그녀의 진실성을 읽게 되죠. 그래서 아내를 쉽게 용서해요. 아내가 우리의 관계를 무엇보다 소중히 여긴다는 걸 알죠. 그러면 나는 기분이 정말 좋아져요."

마음에 상처를 주는 일이 일어나면, 두 사람 간에 곧바로 감정적인 벽이 생긴다. 그 벽이 제거되기 전까지는 관계가 개선되지 않는다. 사과는 그 벽을 제거하기 위한 시도이다. 상대방의 주요 사과의 언어가 용서 요청이라면, 그것이 바로 그 벽을 제거하기 위한 가장 확실한 방법이다.

둘째, 용서를 구하는 것은 당신이 잘못을 깨달았음을 보여주기 때문이다. 그것은 당신이 고의적으로든 아니든 상대방에게 상처를 입혔음을 나타낸다. 당신의 말이나 행동이 도덕적으로 그릇되지 않을 수도 있다. 심지어 농담으로 그랬을 수도 있다. 하지만 상대방에게 상처를 주었다. 이제 그가 당신에게 항의하고, 그것으로 인해 둘 사이에 균열이 생길 것이다. 이런 의미에서 용서를 구해야 하는 것이다.

셋째, 용서를 구한다는 것은 앞으로의 관계를 기꺼이 피해자의 손에 맡김을 나타낸다. 당신의 잘못을 시인했다. 유감도 표명했다. 잘못을 바로잡으려는 의지도 피력했다. 이제 "나를 용서해주시겠어요?"라고 말한다. 용서는 그의 선택에 달린 것이다. 앞으로의 관계도 그 결정에 달려 있다. 이것은 당신의 손을 벗어난 일이다.

무엇을 두려워하는가?

하지만 용서 요청은 지배적인 성격이 강한 이들에게는 힘든 일이다. 마틴이 "나를 용서해줄래요?"라고 말하는 것을 얼마나 힘들어했는지를 기억하라. 마틴은 성격검사 결과 지배적인 성향이 매우 높은 것으로 밝혀졌다. 이는 그가 어떤 상황을 주관하지 못할 때 매우 불안해한다는 뜻이다. 앤지에게 용서를 구하는 것은 통제를 포기하고 앞으로의 관계를 그녀에게 맡김을 뜻했다. 무의식적으로 그는 그렇게 하기가 무척이나 힘들었다.

마침내 마틴은 자신의 성격 특징을 자각하고 그로 인한 행동을 정상적인 걸로 받아들이되 그 특성이 상대방과의 관계를 훼손시키는 경우에는 그것을 거부하는 이가 건강한 사람임을 깨달았다.[12] 따라서 마틴은 앤지에게 "나를 용서해줄래요?"라고 말할 수 있었다. 앤지는 눈물을 흘리며 껴안았고, "물론이죠!" 하고 말했다. 그가 아내의 주요 사과의 언어로 말했을 때 관계가 회복된 것이다.

우리 중에는 거절을 두려워하는 이들이 많다. 이것은 용서를 구하기 힘든 또 하나의 이유다. 해밀턴 비즐리는 이렇게 말한다. "사과란 우리가 잘못을 범했음을 시인하는 것이며, 그러지 말았어야 했다고 생각하는 것이다. … 우리는 오직 상대방만이 줄 수 있는 그리고 우리가 거부당할 수도 있는 용서를 요청하는 입장이다."[13]

거부당하는 것을 좋아하는 사람은 아무도 없지만, 어떤 이들은 거부를 도무지 견딜 수 없어 한다. 그런 사람들에게 용서 요청은 너무나 힘든 일이다. 그들은 용서가 다른 사람의 손에 달려 있음을 그리고 다른 사람이 용서하지 않는다면 그들은 거절당할 것임을 알고 있기 때문이다.

이런 사람들을 위한 답은 이 같은 두려움을 인정하되 거기 얽매여서는 안 된다는 것이다. 다음과 같이 생각해 보면 좋을 것이다. "나의 가장 큰 두려움이 거부임을 나는 알고 있다. 또한 나는 내 행동으로 인해 관계에 문제가 생겼음을 그리고 그 문제를 제거하기 위한 유일한 방법이 진실한 사과임을 알고 있다. 따라서 용서 요청이 상대방의 사과의 언어라면, 나는 두려움을 억누르며 '용서해주시겠어요?' 라고 물을 것이다." 성숙한 사람은 두려움을 자각하지만 그 두려움에 사로잡히길 거부한다. 관계를 소중히 여길 때, 그들은 기꺼이 두려움을 억제하며 관계를 치유하기 위한 단계를 밟을 것이다.

용서를 구하지 못하게 하는 또 다른 두려움은 실패의 두려움이다. 대개 이런 사람은 도덕심이 강하다. 그들에게 있어 '올바로 행하는 것'은 선한 것이나 성공적인 것과 동일하다. 그들은 늘 올바른 일을 행하려고 노력한다. 올바른 일을 할 때 그들은 성공했다고 느낀다. 이들의 경우, 잘못을 시인하는 것은 곧 자신의 실패를 인정하는 것이다. 그들이 가장 두려워하는 것은 실패의 두려움인데, 인간관계에서 잘못을 범했음을 시인하는 것은 실패를 인정하는 것이다.

따라서 그들은 자신의 잘못을 시인하기가 힘들다. 대체로 이들은 자신의 행동이 잘못이 아님을 강력히 주장할 것이다. 그들은 "그것이 당신의 마음을 상하게 했을 수도 있어요. 하지만 당신이 잘못 받아들인 거예요. 난 그런 뜻으로 한 게 아녜요."

때로는 그들의 자기변호 방식이 애당초에 가한 상처보다 더 큰 상처를 주지만 그들은 이를 알지 못한다. "나는 다만 진실을 알려주려고 노력하고 있을 뿐"이라고 주장한다. 이런 사람은 결코 사과하려 하지 않는다. 사과 설문에서 "나의 배우자는 결코 사과하지 않아요"라는 응답이 많은 데 대해 우리는 놀라지 않았다. 한 남편은 "아내는 너무 고집이 세서 사과할 줄을 몰라요. 결혼한 지 10년이 지났지만, 아내의 사과를 받아 본 적이 한 번도 없답니다"라고 했다. 한 아내는 "그게 남자의 자존심인지는 몰라도, 남편은 내가 여러 날 동안 말을 하지 않으면 사과할 줄을 몰라요. 그는 자신의 잘못을 시인하기보다는 차라리 우리 둘 다 비참해지는 쪽을 택할 거예요"라고 말했다.

이런 사람들이 답을 찾으려면, 실패의 두려움이―거절에 대한 두려움처럼―인간에게 가장 공통적인 두려움 중 하나라는 사실을 이해해야 한다. 첫 단계는 이 두려움을 인정하고, 먼저 자신에게 이와 같이 말하는 것이다.

"이것은 나의 두려움 중 하나다. 내가 사과하기 힘든 것도 바로 이 때문이다. 하지만 나는 나를 포함해서 아무도 완벽하지 않음을 알고 있다. 때로 나는 내 배우자나 친구의 마음을 상하게 하는 행동이나 말을 하며, 그로 인해 우리의 관계에 해로운 결과가 야기된다. 관계 회복을 위한 유일한 길은 사과하는 것이며, 그래서 나는 두려움에도 불구하고 사과하는 법을 배워야 한다. 누구나 실수를 범하며, 다른 사람의 마음을 상하게 하는 어떤 말이나 행동을 하기도 한다. 하지만 그렇게 하는 것이 실패를 뜻하는 것은 아니다. 내가 행한 일이 잘못임을 시인한다고 해서 실패자가 되는 건 아니다. 오히려 우리의 관계 회복에 도움을 줄 것이다. 따라서 나는 두려움을 억제하고 사과할 것이다."

이처럼 생각하는 사람은 좋은 사과자와 건강한 사람이 되는 길에 접어든 셈이다.

요구하지 말고 요청하라

가해자가 사과를 하는 일도 힘들지만, 피해자가 쉽게 용서하지 않을 수 있다는 점을 가해자가 깨닫는 것도 힘들 수 있다. 나(게리)는 제니퍼가 강연했던 어느 저녁을 기억한다. 참석자들의 반응은 우리가 올바른 길을 가고 있음을 확신시켜주었다. '용서 요청'과 '용서 요구' 사이에는 큰 차이가 있다. 연구 과정에서, 우리는 피해자 측에서 상처를 잊고 관계를 지속하기를 기대하는 사람들을 많이 만났다.

한 아내는 이렇게 말했다. "25년간의 결혼생활 중에 그 말을 수백 번 들었어요. 그는 '내가 미안하다고 말했잖아. 무엇을 더 원해?'라고 하죠. 나는 한 번만이라도 그가 내 눈을 들여다보면서 '나를 용서해줄래요?' 하고 말하는 걸 원해요. 그는 나에게 용서를 요구하지만, 결코 진심으로 사과하지는 않아요."

그녀의 남편과 대화할 기회가 전혀 없었지만, 나는 그가 통제적인 성격을 지녔고 실패를 많이 두려워하는 사람일 거라고 짐작했다. 이들의 성격적 특성이 제대로 다루어질 수만 있었다면, 이혼이라는 극단적인 상황까지 이르지는 않았을 것이다.

본질적으로 용서는 징벌을 단념하고 상대방을 다시 용납하는 '선택'이다. 그것은 신뢰를 되찾을 수 있도록 과실을 용서하는 것이다. 용서란 "나는 우리의 관계를 소중히 여겨요. 따라서 당신의 사과를 받아들이며 더 이상 공의를 요구하지 않기로 할게요"라고 말하는 것이다. 본질적으로 그것은 선물이다. 하지만 강요당하는 선물은 더 이상 선물이 아니다.

때문에 용서를 요청할 때에는 자신이 큰 부탁을 하고 있음을 먼저 이해해야 한다. 상처를 입은 자에게 있어 용서란 값비싼 것이다. 용서할 때 그들은 공의에 대한 요구를 포기해야 한다. 자신의 상처와 분노를, 당혹감과 수치심을 억눌러야 한다. 거부와 배신을 당했다는 감정을 억제해야 한다. 때로 그들은 당신의 과실에 따른 고통스런 결과를 참으며 살아야 한다.

용서를 요하는 그 결과는, 성적으로 전염된 질병, 사생아의 출생, 또는 유산의 기억 따위와 같은 물리적인 것일 수도 있다. 혹은 가해자의 험상궂은 얼굴과 격앙된 목소리의 잔상들, 다른 사람의 품에 안긴 배우자의 모습, 또는 뇌리 속에서 사라지지 않는 신랄한 독설과 같은 정서적인 것일 수도 있다. 피해자는 용서하기 위해 이 모든 것을 감수하며 살아야 한다. 이것은 작은 일이 아니다. 중국의 옛 속담처럼, "허리를 굽힐 때는 낮게 굽히라."

용서란 값비싼 것이므로 피해자가 곧바로 용서할 거라고 기대하지 말

라. 상처가 경미하며 당신이 피해자의 주요 사과의 언어로 사과한다면, 그는 속히 용서할 수 있을 것이다. 그러나 상처가 심각하고 자주 반복된 거라면, 피해자측이 당신의 사과를 받아들이는 데에는 시간이 걸릴 것이다. 상대방의 사과의 언어가 보상이나 뉘우침인 경우에는 특히 그렇다. 손해를 배상하거나 파괴적인 행동을 진정으로 뉘우치고 변화하는 당신의 모습을 보는 데에는 시간이 걸린다. 상대방이 당신의 진실성을 확신해야 하며, 그러자면 시간이 걸릴 수 있다.

한편, 당신이 발휘해야 하는 가장 큰 미덕은 인내다. 이때 상대방의 주요 사랑의 언어로(4장 참조) 말하며, 당신의 행동을 바꾸기 위해 모든 노력을 다해야 함을 명심하라. 일관성 있게 해 나가면 당신은 적절한 때에 용서를 받을 수 있을 것이다.

다른 사과의 언어를 활용한 '후에' 용서해달라고 요청하는 것도 용서와 화해의 가능성을 여는 열쇠일 수 있다. 그것은 피해자가 들으려고 기다리는 사과의 한 요소일 수 있다. 그럴 경우에, "나를 용서해주시겠어요?"는 당신의 사과가 진실함을 그에게 확신시켜주는 말이다. 용서를 요청하지 않는다면, "미안해요. 내가 잘못했어요. 변상할게요. 다시는 그러지 않겠어요"라는 말이 문제를 회피하기 위한 수단으로 들릴 수 있다. 당신의 사과가 진실함을 알려주길 원한다면, 상대방의 사과의 언어를 활용하는 법을 배워야 한다.

🍎 용서를 구하는 말

- "당신에게 그렇게 말해서 미안해요. 험하게 소리를 지르고 말았군요. 당신은 그런 말을 들을 필요가 없었어요. 순전히 내 잘못이에요. 나를 용서해 주시겠어요?"
- "내가 한 일이 당신에게 깊은 상처를 주었어요. 다시는 나와 얘기하고 싶지 않겠지만, 나는 진심으로 사과합니다. 나를 용서해주시기 바랍니다."
- "상처를 입힐 의도는 없었지만 그러고 말았군요. 이제야 그 점을 깨달았어요. 비록 내가 장난으로 한 행동이지만 그건 잘못된 게 분명해요. 감정을 상하게 한 행동을 즐거워할 순 없으니까요. 다시는 그러지 않도록 노력할게요. 부디 나를 용서해주기 바랍니다."

> **인상적인 한마디!**
>
> "긍휼히 여기는 자는 복이 있나니 저희가 긍휼히 여김을 받을 것임이요."
> _마태복음 5:7

THE FIVE LANGUAGES OF APOLOGY

Part 2

나의 사과의 언어 찾기

7. 사과의 언어 찾기
8. 사과는 선택이다
9. 용서하는 법 배우기

사과의 언어 찾기

앞에서는 5가지 사과의 언어를 소개했다. 이 다섯 가지 언어 중 어느 하나가 다른 네 가지에 비해 사과자의 진실성을 더 깊이 느끼게 한다. 당신은 다섯 가지 모두를 들을 수도 있지만, 당신의 주요 사과의 언어를 듣지 못한다면 사과자의 진실성을 의심할 것이다. 반면에 당신의 주요 사과의 언어로 표현된 사과를 들으면 가해자를 용서하기가 훨씬 쉬울 것이다.

그러므로 당신의 주요 사과의 언어를 그리고 당신의 삶에서 중요한 사람의 주요 사과의 언어를 파악하는 것은 매우 중요한 일이다. 그렇게 하면 효과적인 사과를 주고받는 능력이 강화될 것이다.

사과의 언어 개념을 이해함으로써 나(제니퍼)는 결혼생활이 강화되었다. 최근 나는, 남편에게 나의 뉘우침을 가장 잘 전달하기 위해서는 내 사과에 "내가 잘못했어요"가 포함되어야 함을 깨달았다. 그는 내가 책임을 받아들이기를 원한다. 반면에 내게는 감정적인 면이 가장 중요하다. 그래서 내 감정을 배려하는 사과의 언어, 즉 "미안해요"라고 말하기를 바란다. 결혼 13년차인 지금에 이르러, 마침내 우리는 자신의 언어가 아닌 상대방의 언어로 사과함으로써 논쟁을 줄이는 법을 배우고 있다.

우리의 결혼생활을 통해 배운 것은 남편과 아내의 사과의 언어가 대체로 다르다는 것이다. 결과적으로, 그들의 사과는 종종 용서보다는 저항에 직면한다.

부부를 대상으로 한 자료를 통해, 나는 각 부부의 주요 사과의 언어가 어느 정도나 일치하는지를 살펴보았다. 부부 중 75%의 경우에는 가장 좋아하는 사과의 언어가 서로 달랐다. 놀랍게도 그 75% 중 15%는 주요 사과의 언어에 있어 배우자와 정반대의 입장을 보였다. 당신이 가장 사과 받고 싶어하는 방식으로 배우자에게 사과한다면, 우리의 연구 자료에 근거할 때, 평균적으로 세 번째로 시도하기 전까지는 배우자의 마음에 드는 사과의 언어를 사용하지 않을 것이다. 이 조사가 정확하다면, 이는 네 쌍의 부부 중 세 쌍이 자신이 듣고 싶어하는 것과는 다른 사과의 언어를 말하는 법을 배워야 한다.

나의 사과의 언어를 찾기 위한 질문

첫째, 우리는 당신의 사과의 언어를—당신이 상처를 받을 때 가장 듣고 싶어하는 말을—발견하도록 돕고 싶다. 자신의 사과의 언어를 쉽게 확인하는 사람도 있지만, 그렇게 하기가 쉽지 않은 이들도 있다. 짐은 이렇게 말했다.

"나는 나의 사과의 언어가 뭔지 몰라요. 아내가 결코 사과를 하지 않기 때문이죠. 아내는 자신이 잘못한다고는 결코 생각하지 않아요. 그러니 어떻게 사과할 수 있겠어요? 그것은 우리 아버지의 철학이기도 했어요. 아버지는 '사과한들 아무 소용이 없어. 최선을 다하고 뒤돌아보지 말아라'고 말씀하셨어요. 그래서 나 역시 사과를 꺼리는 것 같아요. 이것은 나에 대한 새로운 발견이죠. 하지만 나는 아내가 내게 상처를 준 것에 대해서는 사과 받길 원해요. 불륜을 저지른 아내가 진심으로 사과하지 않는다면, 우리의 결혼생활은 더 이상 지속될 수 없다고 생각해요."

그의 아내가 간통을 했고, 짐은 자연히 아버지의 철학을 거부했다. 그리고 결혼 서약을 어긴 데 대해 사과받길 원했다. 나(게리)는 그가 진심으로 사과로 여기는 것이 무엇인지를 물었다.

"아내가 자기의 잘못을 시인하고 다시는 그러지 않을 거라고 내게 약속하길 원해요. 아내가 다시는 그런 짓을 하지 않을 거라는 확신이 들면 나는 아내를 용서할 수 있을 것 같아요."

"당신의 사과의 언어를 알아냈어요" 하고 내가 말했다.

"그게 뭐죠?" 짐이 물었다.

"진실한 뉘우침이죠. 내 생각에 당신은 아내가 '미안해요'라고만 할 뿐 자신의 행동을 바꾸겠다는 결심을 보여주지 않는다면 아내를 용서하기가 힘들 겁니다. 그러나 그런 일이 다시는 일어나지 않도록 하겠다는 뜻을 진심으로 피력하면 당신은 용서할 수 있을 거예요. 무엇보다 중요한 것은 잘못된 관계를 끊는 것이죠."

"바로 그겁니다"라고 그가 말했다.

"내가 보기에 당신의 두 번째 사과의 언어는 책임을 인정하고 자신의 잘못을 시인하는 것이에요. 당신에게는 그녀가 자신의 행동을 변명하지 않는 게 중요하죠."

"나는 어떤 변명도 받아들일 수 없어요"라고 그가 말했다. "아내의 행동에는 변명의 여지가 없어요."

질문 1 : 내가 기대하는 상대방의 행동이나 말은 무엇인가?

짐과 나눈 대화는 당신의 사과의 언어를 찾아내는 한 가지 방법을 제시한다. 자신에게 '내가 상대방을 진정으로 용서할 수 있기 위해 그에게서 기대하는 행동이나 말은 무엇인가?'라고 물어 보라. 이 물음에 대한 대답 속에는 여러 가지 사과의 언어들이 담겨 있을 것이다.

제니스와 빌은 빌이 중요한 기념일을 잊어버린 채 아무런 이벤트도 하지 않아 말다툼을 벌이다가 나를 찾아왔다. 얼마 동안 두 사람의 말을 듣고 난 후에, 제니스에게 물었다. "당신이 빌을 용서하려면 그가 어떤 말이나 행동을 해야 할까요?"

"미안하다고 말하길 원해요. 남편은 내가 얼마나 상심했는지를 전혀 모르는 것 같아요. 나는 남편이 잘못을 인정하고 자신의 실수를 만회할 만한 다른 계획을 세워주었으면 좋겠어요."

"당신은 세 가지를 언급하셨어요." 내가 말했다. "당신은 남편이 미안하다고 말하길 원해요. 당신은 남편이 잘못을 시인하길 원해요. 그리고 그 실수를 만회하기 위해 무엇인가를 해주길 원해요. 그런데 이 세 가지 중에서 하나만 가질 수 있다면, 어떤 걸 고르실래요?"

"무엇보다도 내가 얼마나 큰 상처를 받았는지를 남편이 알았으면 해요. 그는 그 점을 깨닫지 못하고 있는 것 같아요. 기념일이 그에게는 그리 중요하지 않은가 봐요."

제니스의 주요 사과의 언어는 유감 표명이었다. 그녀는 "내가 당신에게 얼마나 큰 상처를 주었는지 깨달았어. 우리의 기념일이 당신에게 너무나 소중하다는 걸 알아요. 내가 그것을 잊어버렸다니 정말 미안해요"라는 빌의 말을 듣고 싶었다. 그러고서 그가 "난 당신에게 만회할 기회를 갖고 싶어요"라고 말한다면 금상첨화일 것이며 그녀의 마음과 생각 속에서 용서가 시작되었을 것이다.

질문 2 : 이 상황에서 가장 깊은 상처를 주는 것은 무엇인가?

당신의 사과의 언어를 찾아내는 두 번째 방법은, '이 상황에서 가장 깊은 상처를 주는 것은 무엇인가?' 라는 물음에 대답하는 것이다. 가해자가 아직 사과하지 않았거나 당신에게 만족스러울 정도의 사과를 하지 않았다면, 이 질문은 특히 도움이 된다.

케빈은 형인 그렉에 의해 깊은 상처를 받았다. 그들은 늘 가깝게 지냈다. 6개월 전에, 그렉은 직장 동료에게서 금융 정보를 얻어 높은 단기 수

익을 얻었다. 그가 이 좋은 소식을 케빈에게 알리자 뜻밖에도 케빈은 엄청 화를 내며 "왜 나에게도 정보를 주지 않았어? 우린 형제잖아. 나를 빼놓고 혼자서 이득을 보다니"라고 말했다.

"난 네가 투자를 원하는 줄 몰랐어."

"투자를 원하는 줄 몰랐다니, 그게 무슨 소리야? 그런 정보가 있다면 누구나 투자하고 싶어하지."

말다툼이 심해져서 그들은 3주 동안 서로 연락을 끊고 있었다. 그 후 그렉이 케빈에게 가서 사과하려고 했지만, 케빈은 시큰둥한 반응을 보였다. 다시 교류를 시작하긴 했으나 둘의 관계가 예전 같지는 않았다. 둘 사이에 벽이 있었다. 나는 야구 경기장에서 우연히 그들을 만났다. 그들은 나를 보고는 다가와서, "게리 채프먼 박사님이시죠? 아마 선생님이라면 우리의 문제 해결을 도와주실 수 있을 겁니다"라고 말했다. 그들의 얘기를 듣고서 내가 케빈에게 물었다. "이 상황에서 당신에게 가장 심한 상처를 주는 것이 뭐예요?"

"형이 자신의 잘못을 시인하지 않으려 하는 거예요. 돈을 벌 수 있는 좋은 기회에 어떻게 동생을 배제시킬 수 있어요? 형은 미안하다고 말했지만, 자신의 잘못을 시인하려고는 하지 않아요. 그게 내 마음을 가장 아프게 하죠."

내가 그렉을 바라보자 그가 말했다. "나는 그게 잘못이라고 보진 않아요. 되돌아보면 내가 케빈에게 미리 알려주지 않은 건 정말 미안하지만 동생의 마음을 아프게 할 생각은 없었어요. 솔직히 동생이 투자하고 싶어하는지를 나는 몰랐어요. 그러리라고는 생각도 하지 않았어요. 동생이 화를 냈을 때 나는 오히려 당황스러웠어요."

"당신이 한 일이 케빈에게 깊은 상처를 주었다는 걸 알고 있나요?" 하고 내가 물었다.

"네, 하지만 의도적으로 그런 게 아니에요."

"물론 그러셨겠죠. 질문 하나 할게요. 당신이 사무실에서 커피 잔을 들고 있는 사람과 무심코 부딪혀서 그의 손과 셔츠와 사무실 바닥에 커피를 엎질렀다면, 당신은 뭐라고 말하나요?"

"미안하다고 하겠죠. 내가 주의하지 못해서 그런 것이니 아마도 세탁비도 물어 주겠죠."

"비록 고의가 아니었지만, 당신은 자신의 행동에 대한 책임을 지려고 할 거예요. 지나가면서 주의했어야 함을 인정하고 보상 방법을 모색하겠죠?"

"맞아요. 내가 커피를 엎지른 게 분명하니까요."

나는 잠시 멈추었다가 말했다. "비록 당신이 의도한 건 아니지만 케빈의 커피도 엎질러졌어요."

"무슨 말인지 알겠어요. 내가 그 정보를 들은 날에 주의했어야 했어요. 그랬다면 내 동생과 함께 그 정보를 나눴을 거예요. 왜냐하면 나는 동생을 정말 사랑하니까요. 사실 지난 3주 동안 나는 마음이 편치 않았답니다."

야구장 관람석에 앉은 채 그렉은 동생을 보며 말했다. "나는 널 사랑해. 그날 내가 널 생각했어야 했어. 내가 주식을 팔아서 수익금의 절반을 네게 주마."

"형, 그렇게 할 필요는 없어. 형은 이미 충분히 사과했어. 용서할게."

두 형제는 서로 껴안았다. 나는 야구 경기를 보러 가길 잘했다고 생각했다.

케빈에게 "이 상황에서 당신에게 가장 심한 상처를 주는 것이 뭐예요?"라고 묻지 않았다면, 나는 그의 주요 사과의 언어가 책임을 인정하는 것임을 결코 알아내지 못했을 것이다. 또한 진실한 사과를 하도록 그렉을 인도하지도 못했을 것이다. 그렉으로서는 굳이 "내가 잘못했어"라고 말할 필요가 없었다. 하지만 그는 "내가 그날 너를 생각했어야 했어"라고 말함으로써 자신의 행동에 대한 책임을 인정해야 했다. 그렉의 사과를 진실한 것으로 받아들이기 위해 케빈이 필요로 했던 것이 바로 그것이다.

후에 안 바에 의하면, 그렉은 주식을 팔아서 수익금의 절반을 동생에게 주었다. 그것은 '금상첨화'였다. 꼭 그래야만 했던 것은 아니지만, 그 행동은 사과의 진실성을 보증해 주었고 관계 회복에도 도움이 되었다.

질문 3 : 내가 사과할 때 가장 중요하게 여기는 언어는 무엇인가?

당신의 사과의 언어를 찾아내는 데 도움이 되는 세 번째 질문은, '내가 다른 사람들에게 사과할 때, 어떤 언어를 사용하는가?' 이다. 이 질문은 다른 사람들에게 말하는 자신의 사과의 언어가 아마 당신이 가장 듣고 싶어하는 사과의 언어일 확률이 높기 때문이다.

메리는 이렇게 말했다. "다른 사람들에게 사과할 때, 나는 그들에게 내가 얼마나 미안해하고 있는지를 알려주길 원해요. 어떤 식으로든 사람들에게 상처를 주고 싶지 않지만, 만약 상처를 줬다면 그 사실 때문에 내가 고통당하고 있음을 알려주고 싶어요." 메리 자신의 사과의 언어는 아마 유감 표명일 것이다.

조지는 트럭 기사다. "나는 사과할 때 내 잘못을 시인해요. 내게는 그것이 사과예요. 당신이 잘못을 시인하지 않는다면, 사과한 게 아니에요." 조지의 사과의 언어는 책임 인정일 것이다.

안나는 이렇게 말했다. "다른 사람들에게 사과할 때, 나는 하나님의 도우심으로 다시는 이런 짓을 하지 않을 것을 그들에게 확신시키려 해요. 나는 내가 저지른 일로 인해 마음이 편치 않으며 내 행동을 진심으로 바꾸길 원한다는 걸 알려주고 싶어요." 아마도 안나는 같은 행동을 다시 반복하지 않으려 하는 진실한 뉘우침을 듣고 싶어할 것이다.

혹시, 두 언어를 사용하는가?

앞의 세 질문들은 당신의 주요 사과의 언어를 파악하는 데 도움이 될 것이다. 어쩌면 두 가지 언어들이 당신에게 똑같이 중요할 수도 있다. 말하자면, 둘 다 상대방의 진실성을 읽게 해주는 것이다. 어느 것이 더 중요한지에 대해 생각할 때, 당신의 내면에서는 '사실상 둘 다 똑같이 중요해' 라고 말한다. 그렇다면 당신은 두 언어 모두를 사용하는 셈이다.

두 언어를 똑같이 사용해도 괜찮다. 오히려 상대방의 사과를 받아들이기가 더 쉬워질 것이다. 가해자가 그 두 언어 중 하나를 말하면, 당신은 그의 신실성을 인정하고 그를 용서하려 할 것이다.

실제로, 사과의 언어들 중 두세 가지를 중요하게 여기는 경우는 매우 흔하다. 하지만 대개는 하나가 다른 것들보다 두드러진다. 사과할 때 당신의 주요 언어를 듣지 못하면, 당신은 사과자의 진실성을 의심할 것이다.

당신의 주요 사과의 언어를 파악하는 데 도움을 주기 위해, 부록에 '나의 사과의 언어 찾기 설문' 을 수록했다. 이것은 학문적인 도구가 아니라, 당신의 사과의 언어를 알아내도록 돕기 위한 실제적인 도구이다.

탐색 작업 : 다른 사람의 사과의 언어 찾아내기

그렇다면 다른 사람의 사과의 언어는 어떻게 찾아낼까? 본서를 읽거나, 앞에 제시된 세 가지 질문에 대답하거나, 또는 사과의 언어를 가지고 토의를 해 보는 방법이 있다. 이것은 사과하는 법을 배우는 보다 확실하고 유용한 방법이다. 그런데 이 책을 읽지 않으려 한다면, 세 가지 질문을 재구성하여 활용할 수 있다. 첫 번째 질문은 누군가에게서 들었으나 불충분하다고 느꼈던 사과를 이야기해 달라고 요청하는 것이다. "당신의 마음을 흡족하게 할 수도 있었는데 상대방이 하지 않았던 말이 있었나요?" 혹은 당신이 그에게 상처를 주었을 때, 이렇게 물을 수도 있다. "내가 당신에게 상처를 주었군요. 니는 우리의 관계를 소중히 여겨요. 당신의 용서를 구하기 위해 내가 해야 할 말이나 행동은 무엇일까요?" 그때 그가 하는 대답이 그의 사과의 언어를 드러낸다.

다른 사람에게 상처를 주었음을 자각할 때, 앞에 말한 질문 2를 다음과 같이 재구성해 볼 수 있다. "내가 당신에게 상처를 주었군요. 당신의 반응을 보니 알겠어요. 미안합니다. 내가 그토록 심한 상처를 주었다니 정말 마음이 아파요. 내 말이나 행동들 중에서 당신에게 가장 큰 상처를 준 것이 무엇인지 말해줄래요?"

세 번째 질문은 비교적 학구적이며, 최근에 서로에게 상처를 준 적이 없는 상황에서 사용할 수 있는 것이다. "내가 사과와 사과법에 관한 책을 읽고 있어요. 당신의 의견을 물어 보려고 해요. 당신에게 상처를 받은 사람에게 사과할 때, 그 사과의 가장 중요한 부분이 무엇이라고 생각하나요? 괜찮으시다면, 본서에 소개된 사과의 다섯 가지 측면들을 알려줄게요. 듣고 당신의 사과의 언어도 알려주세요."

상대방이 마음을 연다면, 당신은 5가지 사과의 언어들을 놓고서 대화할 수 있다. "난 책 내용을 듣고 싶지 않아요. 내게 중요한 것이 무엇인지를 얘기할게요"라고 말한다면, 귀를 기울이라. 그러면 그의 주요 사과의 언어가 밝혀질 것이다.

53세의 사업가인 윌리엄은 동료에게서 그런 질문을 받고서, "내게 사과의 중요한 부분은 자신이 한 일이나 하지 못한 일로 인해 상대방에게 상처를 입힌 것을 괴로워하는 마음을 상대방에게 알려주는 것"이라고 대답했다. 윌리엄은 집에 늦게 도착하여 딸의 피아노 연주회에 참석하지 못한 데 대해 딸에게 사과했던 때를 회고했다.

실망한 딸에게 그는 말했다. "무척 실망했지? 네 연주회를 볼 기회를 놓쳐서 정말 아쉽구나. 아빠는 네가 멋진 피아니스트라고 생각해. 네 연주를 못 들었으니 손해가 막심한 걸. 부디 아빠를 용서해주기 바란다. 나는 너와 네 동생과 네 엄마를 그 무엇보다도 사랑한단다." 그가 딸을 껴안자 딸은 울었다. 그는 딸이 용서하려 하고 있음을 느꼈다.

"나는 심각한 기분이었어. 그 기분을 딸에게 전하려고 노력했지. 자신이 한 일을 심각하게 여기지 않는다면 사과하고 있는 게 아니지"라고 그가 동료에게 말했다. 이 말은 그의 주요 사과의 언어가 유감 표명임을 보여준다.

5가지 사과의 언어 모두 말하기

반드시 상대방의 주요 사과의 언어로만 말해야 하는 것은 아니다. 5가지 사과의 언어들 모두 나름대로의 정서적인 장점을 지니고 있다. 우리가 말하는 것은, 당신이 상대방의 주요 사과의 언어를 사용하고 있다는 확신을 가질 필요가 있다는 점이다. 그리고서 다른 네 가지 언어들로 추

가적인 효과를 낼 수 있다.

그러나 주요 언어가 누락된다면, 다른 언어들로는 당신의 진실성을 전달할 수가 없다. 당신이 상대방의 사과의 언어를 모른다면, 모든 사과의 언어들을 다 동원해야 한다. 5가지 사과의 언어들을 하나씩 진심으로 전한다면, 당신은 상대방의 가슴에 와 닿는 것을 파악하게 될 것이다. 그러면 상대방은 당신의 사과가 진실함을 자각하게 될 것이다.

완벽한 사과

진실한 사과가 피해자에게는 선물이다. 그것은 관계를 소중히 여기는 마음의 표현이다. 그것은 진정한 용서와 화해를 위한 길을 닦아준다. 당신이 누군가에게 상처를 주었음을 깨달을 때 보다 효과적으로 사과할 수 있도록 본서가 도움을 주기 바란다.

당신이 사과했는데 상대방이 온전히 용서하지 않는 것 같다면, 다음과 같은 방법을 활용하면 도움이 될 수 있다. 당신이 사과한 지 하루나 이틀이 지난 후에, "0부터 10까지의 단계에서, 당신은 지난번에 내가 드린 사과의 진실성을 몇 단계 정도로 느꼈나요?" 하고 물어 보라. 상대방이 10 미만이라고 말하면, "10으로 끌어올리려면 내가 어떻게 해야 할까요?"라고 질문하라. 이 물음에 대한 대답은 사과 과정에서 필요한 실제적인 정보를 당신에게 제공할 것이며, 그 결과 당신은 용서의 길을 닦기 위해 가능한 모든 노력을 다해 볼 수 있다.

한 남편이 아내에게 이렇게 물었을 때, 그녀의 대답은 '7정도'였다. 그래서 "그것을 10으로 끌어올리려면 내가 어떻게 해야 하죠?"라고 묻자, 그녀의 대답은 이랬다. "대체로 나는 당신이 진실하다고 믿어요. 하지만 당신은 잘못했다는 말을 하지 않았어요. 나는 당신이 내 행동에 견주어 변명하고 있지 않나 하는 생각이 들어요. 내가 완벽하지 않다는 건 알지만, 내 행동이 당신의 변명을 위한 구실이 된다고 생각하진 않아요. 당신의 속마음을 나는 알 수가 없어요."

남편은 귀를 기울이다가 수긍한다는 식으로 고개를 끄덕였다. "그 기분이 어떤 건지 알 수 있을 것 같아요. 내가 잘못했음을 안다는 걸 당신에게 알려주고 싶어. 내 행동에 대해 어떤 변명도 댈 수 없어. 내가 한 일은 전적으로 내가 책임져야 해. 전혀 당신 탓이 아니야. 당신으로 하여금 그런 생각을 갖게 해서 미안해요. 당신의 용서를 받고 싶구려." 그의 아내가 듣고 싶었던 말이 바로 그런 것이었다.

> **인상적인 한마디!**
> "우리 세대의 가장 위대한 발견은 자신의 태도를 바꿈으로써 인간이 자신의 삶을 변화시킬 수 있다는 사실이다." _ 윌리엄 제임스

chapter

사과는 선택이다

"내가 사과하고 싶지 않으면 어쩌죠?"

제니퍼와 나는 사과와 관련하여 여러 가지 질문들을 들어 왔다. 그 중 첫 번째 질문은 "내가 사과하고 싶지 않으면 어쩌죠?"이다. 한 남자가 말했다. "내가 잘못한 줄 알지만 아내도 마찬가지예요. 사실 이 모든 일을 야기시킨 건 아내의 행동이죠. 그런데 왜 내가 사과해야 하죠?"

기다리기 게임의 문제는 사람들의 평균 수명이 75세라는 데 있다. 상대방의 사과를 기다리면서 '냉전' 상태로 얼마나 많은 시간을 허비하길 원하는가? 내가 아는 어떤 부부들은 같은 집에서 30년을 살았으면서도 서로 상대방이 먼저 사과하길 기다리느라고 사이가 틀어진 상태다.

한 남편은 이르기를 아내와 자신이 서로에게 사과하지 않고서 20년 이상을 지냈다고 했다. "심지어 원래의 문제가 무엇이었는지 기억나지도 않아요." 그가 말했다. "내가 아는 건 아내가 나더러 사과해야 한다고 주장했고 나는 사과할 이유가 없다고 생각했다는 것뿐이에요. 나는 사과해야 하는 사람은 오히려 아내라고 생각했죠. 그래서 우리는 누가 사과해야 하는지에 대해 언쟁을 벌였고, 마침내 둘 다 침묵에 빠져들었어요."

불행하게도 이 같은 사례들은 드물지 않다. 내가 아는 형제들은 18년 동안 서로 말하지 않는다. 한 형제가 자동차를 파는 다른 형제에게 이용당했다고 느꼈다. 그러나 후자는 "내가 그 차에 관해 사실대로 얘기했다"고 말했다. 18년 전에 그 일이 일어났고, 같은 도시에 살면서도 그 이후로 둘 사이에는 아무 말도 오가지 않았다. 사람들이 사과하지 않기로 의도적인 선택을 내리는 것은 얼마나 비극적인가.

사과하지 않는 이유

1. 노력할 만한 가치가 없어

사과하지 않는 이유는 무엇일까? 때로 그들은 상대방과의 관계를 중요시하지 않는다. 아마 그들은 과거에 '언쟁'을 벌였고, 그 결과 분노가 많이 쌓여 있을 것이다. 한 부인이 자신의 언니에 대해 이렇게 말했다. "난 우리의 관계를 포기했답니다. 내가 무슨 일을 해도 언니는 늘 불만이었고 항상 나에게 잘못이 있는 것 같았죠. 언니가 여러 차례 내게 상처를 주었어요. 마침내 나는 노력할 가치도 없다고 판단했죠. 나는 전화기에 발신자 확인 장치를 달았어요. 언니가 전화하면 나는 아예 전화를 받지 않았죠. 언니가 내게 하는 말은 오로지 비난뿐이에요. 아예 말을 하지 않는 게 더 나았어요. 내가 어머니를 보러 갈 때도 언니 차가 보이면 그냥 지나쳐요. 마주치고 싶지 않거든요."

여러 가지 이유로 이 부인은 언니와의 관계를 평가절하하기로 결심했다. 따라서 그녀 자신의 파괴적인 행위에 대해서도 사과할 마음이 없었다.

2. 그의 잘못이야

사과하지 않으려는 두 번째 이유는 '자신의 행동이 정당하며 상대방이 잘못이라고 느끼기' 때문이다. 한 술집에서 주먹다짐을 했던 어느 프로 운동선수가 "나는 사과하지 않을 겁니다. 그가 그런 말을 하지 말았어야 했어요"라고 말했다. 그 운동선수는 이런 생각이었다. '네가 내게 잘못했으니 그 대가를 치러야 한다. 내게 사과를 요구하지 말아라. 너는 맞을 짓을 했어.' 그가 강조한 것은 관계회복이 아니라 보복이었다. 그런 태도는 서로간의 벽을 제거하는 것이 아니라 도리어 강화시킨다.

이것은 같은 방법으로 보복하는 악랄한 태도이며, 많은 사람들이 이 방식을 따른다. 이것은 성경의 권면과는 정반대다. "아무에게도 악으로 악을 갚지 말고… 할 수 있거든 너희로서는 모든 사람으로 더불어 평화하라… 너희가 친히 원수를 갚지 말고… 기록되었으되 원수 갚는 것이 내게 있으니 내가 갚으리라고 주께서 말씀하시니라"롬 12:17-19 참조.

자신의 그릇된 행위를 정당화하는 사람은 자신을 속이는 것이다. 사과할 일을 결코 하지 않는다는 사람은 비현실적인 세계에 살고 있다. 현실적으로 우리 모두가 때로는 거칠고 비판적이며 매정한 말을 하며, 상대방에게 고통을 주는 파괴적인 행동을 하기도 한다. 사과의 필요성을 인정하려 하지 않는 사람의 삶은 깨트려진 인간관계들로 가득할 것이다.

흔히 양심은 자신의 죄를 다른 사람에게 전가시키는 데 익숙해 있다. 그들은 '무감각한 양심'의 소유자로서 자신의 잘못을 인정하지 못한다.
 종종 둔감한 양심은 '낮은 자존감'과 결부되어 있다. 그런 사람은 사과란 나약함의 표시라고 부모에게서 배웠을 것이다. 이 같은 철학을 모델로 삼는 부모 역시 대개 낮은 자존감의 소유자들이다. 종종 그들은 가정에서 일어나는 어떤 문제에 대해 자녀들을 비난한다. 그 결과, 자녀들은 낮은 자존감을 갖게 되고 그것을 다음 세대에 물려준다. 그들은 가치 있는 사람이 되려고 무진 애를 쓰기 때문에, 그리고 사과를 나약함의 표시로 여기기 때문에 그들 역시 어떤 관계상의 문제가 생기면 다른 사람들을 비난할 것이다. 낮은 자존감, 책임 전가 그리고 사과에 대한 혐오감을 지닌 자들은 생각과 행동과 감정과 관련한 이 같은 뿌리 깊은 패턴을 바로잡기 위해 상담을 받을 필요가 있다.

이들은 사과가 자존감을 높여준다는 사실을 모른다. 사람들은 자신의 실패에 대해 기꺼이 책임지는 이들을 존중한다. 다른 사람들의 존중과 찬사를 받으면 자존감이 높아진다. 반면에 그릇된 행위를 숨기거나 변명하는 자들은 다른 사람들의 존경과 인정을 받지 못할 것이며, 그래서 자존감이 더욱 낮아진다. 그러나 이 같은 부정적인 악순환에 빠진 사람은 이 사실 자체를 깨닫기가 힘들다.

데이브와 아내 재닛은 살면서 몇 차례 중대한 실패를 겪었다. 제니퍼에게 처음 상담하러 왔을 때, 데이브는 자신이 포르노에 중독되었다가 회복 중이라고 밝혔다. 재닛은 최근의 실패들뿐만 아니라 오래도록 지속된 데이브의 은밀한 중독증 때문에 심한 상처를 받았다고 말했다.

"데이브가 포르노 중독에 따른 결과들에 대해 적절한 사과를 한 적이 있나요?" 하고 내가 물었다. 침묵이 이어진 후에, 데이브가 설명했다. "내가 미안하다고 말했지만 구체적인 얘기를 하진 않았어요. 상황이 더 악화될 것 같다는 생각이 들었기 때문이죠." 데이브는 덫에 걸린 쥐 같았다. 자신의 나쁜 행위를 속속들이 얘기함으로써 스스로 곤경에 빠지고 싶지 않았다.

재닛에게 가한 고통을 대충 얼버무리고 넘어가면 서로의 고통을 더 연장시킬 뿐임을 나는 데이브에게 알려주고 싶었다. 나는 데이브와 재닛에게 '저울 균형 맞추기'의 개념을 설명했다.

"재닛이 당신의 포르노 중독을 알게 되었을 때, 그것은 마치 결혼 관계라는 저울의 균형이 기울어진 상태와 같았어요. 재닛 쪽의 저울이 바닥에 가라앉은 겁니다. 그녀는 기분이 착잡하고, 슬프고, 고독하며, 화났으며 또한 당신을 다시 신뢰하기가 두려웠겠죠. 당신이 주로 사용하는 사과법으로는 결혼생활의 균형을 되돌릴 수 없어요. 재닛은 줄곧 마음이 아프고 두려워해요. 당신이 재닛을 계속 그 상태로 방치하면, 그녀는 자신을 바닥에 가라앉게 하는 무게를 줄이기 위해 당신에게 가시 돋친 말을 할 거예요."

분석을 마무리하면서 내가 말했다. "재닛은 자신 쪽의 저울 무게를 줄이기 위해 도움을 필요로 해요. 당신이 상황을 악화시킬 걸로 우려하는 구체적인 얘기를 함으로써, 재닛에게와 당신의 결혼생활에 큰 도움을 줄 수 있어요. 종종 구체적으로 사과하는 사람들은 정반대의 결과를 경험하죠. 배우자의 마음의 상처를 들어줌으로써 그들은 고맙다는 말을 들어요. 재닛도 당신에게 품었던 분노를 해소할 수 있을 거예요. 당신의 진실한 사과가 그녀의 노여움을 가라앉히며 그녀에게 여러 모로 도움이 될 거예요." 데이브는 주의 깊게 들었다. 마치 그의 머릿속에서 백열전구가 켜지는 듯했다. 집에서 구체적인 사과를 시도해 보고서 다음 주에 다시 만나기로 약속했다.

다음 주에 데이브와 재닛은 가벼운 걸음으로 돌아왔다. 데이브가 말했다. "선생님 말씀대로 했더니 괜찮았어요. 나는 집 안에 포르노 잡지들을 감추어 둔 것이 얼마나 큰 잘못인지를 재닛에게 설명했습니다. 아이들이 그 잡지들을 발견하고서 정서적으로 타격을 입었을 수 있다는 데 대해 가책을 느낀다고 말했어요. 재닛으로 하여금 열등감을 느끼게 한 데 대한 그리고 거짓말을 함으로써 아내의 신뢰를 저버린 일에 대한 나의 슬픔에 대해서도 얘기했죠."

나는 재닛에게 데이브의 말을 들으니 기분이 어떤지를 물었다. "데이브로서는 엄청난 진전을 보인 거예요. 나는 그의 행동에 대해 책임지는 말을 듣는 걸 포기하고 살았었답니다. 이제 앞으로의 결혼생활이 기대돼요." 그녀의 대답이었다.

데이브가 덧붙였다. "너무 오랫동안 나는 '이 문제를 더 구체적으로 얘기하면 상황이 더 악화될 것'이라는 거짓말을 믿었어요. 내 양심을 무시했고, 서글프게도 아내의 기분을 배려하지도 않았죠."

"새 언어를 배우지 못하면 어쩌죠?"

우리가 종종 듣는 두 번째 질문은, "다른 사람의 사과의 언어가 내게는 자연스럽지 않으면 어쩌죠?"이다. 이것은 우리가 5가지 사과의 언어 개념을 언급할 때 종종 제기되었던 질문이다. 이 질문을 하는 이들은 효과적으로 사과하는 법을 배우길 원하지만 "그런 사과의 언어를 배운 적이 없어요. 거의 사용하지 않는 언어를 배운다는 게 얼마나 힘들겠어요?"라고 솔직하게 말하는 매우 진실한 사람들이었다.

특정 사과의 언어를 사용하는 데 있어 다른 사람들에 비해 유난히 힘들어 하는 이들이 있는 것은 사실이다. 그것은 우리의 개인사나 이제껏 배워 온 것과 관련이 있다. 좋은 소식은 이 모든 사과의 언어들이 습득 가능하다는 것이다.

여기서 자신에게 부자연스러웠던 사과의 언어를 말하는 법을 배우게 된 몇몇 사람들을 소개하려고 한다. 이들은 대부분 처음에는 매우 불편했음을 시인했지만 새로운 사과의 언어를 배울 수 있는 인간의 능력을 보여주었다.

유감 표명이라는 도전

칼은 결혼에 대해 생각하면서 여자 친구인 멜린다와 함께 우리의 세미나에 참석했다. 사과 설문을 작성한 후에, 멜린다는 사과를 받을 때 자신이 가장 듣고 싶어하는 말이 "미안해"라고 칼에게 말했다.

나중에 칼이 내(게리)게 와서 말했다. "솔직히, 나는 그런 말을 해 본 기억이 없어요. 내게는 너무 여성스럽게 들려요. 항상 나는 진정한 남자란 사과하지 않는다고 배워왔거든요."

"질문 하나 할게요. 이제까지 살아오면서 정말 후회스러운 일을 한 적이 있나요? 그 일을 하고 난 후에, '그렇게 하지 말았어야 하는데'라고 스스로에게 말했던가요?" 내가 물었다.

그는 고개를 끄덕이며 말했다. "어머니의 장례식 전날 밤에 술을 마셨어요. 그래서 다음 날 아침에, 나는 심한 숙취에 시달렸죠. 장례식을 어떻게 치렀는지 잘 기억이 안 나요."

"그 일을 생각하면 기분이 어때요?"

"정말 나쁘죠. 어머니께 무례를 범한 것 같았어요. 어머니의 죽음은 내게 무척 견디기 힘든 아픔이었어요. 나는 늘 어머니와 가까이 지냈고 여러 가지 일들을 의논했죠. 아마 내가 슬픔을 억누르고 싶었을 겁니다. 그러나 너무 많이 마셨어요. 어머니가 슬퍼하셨을 모습이었죠. 어머니는 과음에 대해 늘 얘기하셨어요. 나는 하늘나라에서는 땅에서 일어나는 일을 몰랐으면 하고 생각했어요. 어머니에게 상처를 주고 싶지 않았기 때문이죠."

"땅에서 일어나는 일을 하늘에서도 안다고, 어머니가 당신의 행동에 실망하셨다고 잠시 가정해 보세요. 그리고 어머니에게 얘기할 기회가 주어진다면 뭐라고 말하겠어요?"

칼은 눈물을 글썽이며 말했다. "속상하게 해서 정말 죄송하다고 말씀 드릴 겁니다. 그날 밤은 술 마실 때가 아니었어요. 다시 그때로 돌아간다면 결코 술집에 가지 않을 거예요. 나는 어머니께 정말 사랑한다고 말하며 나를 용서해달라고 부탁드리고 싶어요."

나는 칼의 어깨를 감싸며 "금방 당신이 한 일이 무엇인지 아세요?"라고 물었다.

그가 머리를 끄덕이며 말했다. "알아요. 금방 나는 어머니께 사과했어요. 기분이 좋아요. 어머니가 내 말을 들었을까요?"

"들으셨을 거라고 생각해요. 그리고 당신을 용서하셨을 거예요."

"이런, 울 생각은 없었는데." 뺨에 흐르는 눈물을 닦으며 그가 말했다.

"울어도 괜찮아요. 당신은 진정한 남자란 울지 않는다고 배웠죠?"

"맞아요."

"당신은 오래도록 좋지 않은 생각을 지니고 있었어요, 칼. 사실 진정한 남자는 울어요. 울지 않는 남자는 인조인간이죠. 진정한 남자는 사과합니다. 그는 사랑하는 누군가에게 상처를 준 것을 알면 '미안해요'라고 말해요. 당신은 진정한 남자예요. 오늘 그걸 보여줬어요. 절대 그걸 잊지 마세요. 당신과 멜린다가 결혼한다면, 당신은 완벽한 남편이 아니고 멜린다도 완벽한 아내가 아닐 겁니다. 좋은 결혼생활을 위해서는 완벽할 필요는 없어요. 하지만 서로 상처를 줄 때에는 반드시 사과해야죠. '미안해요'가 멜린다의 주요 사과의 언어라면 당신은 그 말을 배울 필요가 있어요."

"알겠어요!" 그가 미소를 지으며 말했다.

1년 후에, 나는 사우스캐롤라이나의 컬럼비아에서 세미나를 이끌고 있었다. 토요일 아침 일찍 아무도 도착하지 않은 시각에, 칼과 멜린다가 들어왔다. "선생님과 얘기를 나누고 싶어서 일찍 왔습니다." 칼이 말했다. "작년에 열렸던 선생님의 세미나가 우리에게 얼마나 중요한 것이었는지를 알려드리고 싶어요. 그것은 우리의 관계에 있어 큰 전환점이었어요. 그 세미나에 참석한 지 3개월 후에 우리는 결혼했고 그날 배운 것들이 줄곧 우리를 붙들어줘요."

"우리가 그 세미나에 참석하지 않았다면 지금까지 결혼하지 않았을 지도 몰라요. 결혼 첫 해가 그토록 힘들 거라고는 생각도 못했어요." 멜린다의 말이었다.

"칼이 사과하는 법을 알고 있나요?"라고 내가 물었다.

"그럼요. 우린 둘 다 사과를 잘한답니다." 그녀가 말했다.

칼이 말했다. "그리 쉽진 않았어요. 하지만 어머니에게 사과했던 날이 내게는 중대한 전환점이었어요. 내 행동에 대해 솔직한 것이 얼마나 중요한 일인지를 깨달았죠."

책임 인정

마르샤는 '책임 인정'이라는 남편의 사과의 언어를 말하기가 힘들었다. "내가 잘못했어요"라는 말은 특히 그랬다.

"왜 그런지 모르겠어요." 그녀가 내게 말했다. "아마 우리 부모님에게서 그런 말을 들은 기억이 없기 때문일 거예요. 그들은 내게 사과하는 법을 가르쳐주지 않았어요. 그들은 늘 '최선을 다해라. 탁월하라. 잠재력을 최대한 발휘하라'고 했어요. 그러나 사과에 대한 얘기는 별로 하지 않았죠. 그래서 나는 사과의 언어들 중 어느 것 하나도 제대로 배운 적이 없답니다."

그녀가 사과 설문을 작성한 지 약 한 달 후에, 나의 웹 사이트에 이런 메시지를 남겼다. "지난달 사과의 언어들에 관해 많이 생각했어요. 최근에 남편의 사과의 언어를 배우려는 마음이 들었어요. 그래서 노력하고 있어요. '내가 잘못했어요. 그러지 말았어야 했어요'라고 큰 소리로 말한 적도 있답니다. 하지만 그런 말을 하거나 인정하는 건 여전히 힘들어요. 한마디 하는 게 여간 힘들지 않지만, 그 말을 하고 나면 마치 짐을 내려놓은 듯이 기분이 좋아져요. 내가 비판적인 말과 상처 주는 행동에 대한 책임을 인정하는 법을 배우기 시작한 것 같아요."

마르샤는 다른 사람의 사과의 언어로 말하는 것이 쉽지 않다는 것을 보여 준다. 그녀는 부모님에게서 사과를 배우지 못했고, 자신도 사과해 본 경험이 없었다. 하지만, 성인으로서 그녀는 자신의 말과 행동이 늘 사랑스럽고 친절한 것은 아님을 기꺼이 인정했다. 그런 행동을 변명하기

보다는 상대방의 사과의 언어를 배우는 쪽을 선택했다. 그것은 남편과의 관계 개선을 위한 중요한 출발점이었다.

"미안해요. 내가 그러지 말았어야 했어요"라고 하기가 힘든 사람들은 이렇게 해보기 바란다. 다음 문구를 카드에 적으라. "나는 완벽하지 않다. 때로는 실수를 범한다. 다른 사람들에게 고통을 주는 말이나 일을 할 때도 있다. 나는 상대방의 주요 사과의 언어가 '내가 잘못했어. 그러지 말았어야 했어'라고 말함으로써 내 행동이나 말에 대한 책임을 시인하는 것임을 알고 있다. 그러므로 나는 그런 말을 배울 것이다."

이 문구를 큰 소리로 읽으라. 그러고 나서, "내가 잘못했어. 그러지 말았어야 했어"를 혼자 거울 앞에서 여러 차례 큰 소리로 반복하라. 당신이 하고 싶지 않은 말을 큰 소리로 말하는 것은 '책임 인정'이라는 사과의 언어를 배우기 위한 첫 단계다.

아무도 완벽하지 않다는 사실을 자각하는 것은 자신의 행동에 대한 책임을 인정하는 법을 배우는 한 부분이다. 나는 불완전하며 때로는 다른 이들에게 상처와 해를 주는 말이나 행동을 한다. 불완전한 인간임을 시인하고 실수에 대한 책임을 기꺼이 인정하려 하며 또한 상대방의 사과의 언어를 사용하려 할 때 나는 진전을 보이고 있는 셈이다.

진실한 뉘우침

어떤 사람들은 미안하다고는 말할 수 있지만, 다시는 그러지 않겠다고 약속하는 것을 힘들어한다. 오웬은 다음과 같이 솔직하게 말했다.

"나는 변하겠다고 약속하고 싶지 않아요. 그 약속을 못 지킬 수도 있기 때문이죠. 나는 정말 변할 생각입니다. 그렇지 않다면 애당초 사과하지도 않았을 거예요. 하지만 내가 변하도록 노력하겠다고 말하면, 나 자신의 실패를 공언하는 셈이 되어 관계를 더 악화시킬까봐 두려워요. 내가 말보다는 행동으로 변화를 보여주면 안 되나요?"

오웬은 많은 사람들의 생각을 대변하고 있다. 그러나 당신의 의도를 말하지 않으면 상대방이 당신의 마음을 읽을 수 없다는 게 문제다. 우리가 뉘우칠 의향을 말로 표현하는 이유는 다른 사과의 언어들을 말로 표현하는 이유와 동일하다. 우리는 상대방에게 상처를 주었음을, 우리의 관계를 소중히 여김을 그리고 용서받고 싶다는 사실을 알려주길 원한다.

그런 잘못을 결코 다시 저지르지 않겠다고 약속하라는 것은 아니다. 그것을 다시 반복하지 않도록 최선의 노력을 기울이겠다는 뜻을 피력하면 된다. 성공으로 이끄는 것은 노력이다. 오래도록 굳어진 행동 패턴을 바꾸기는 힘들 수 있지만 그것을 바꾸려는 결심이 첫 단계이며 하나님의 도우심으로 당신은 적극적인 변화의 걸음을 시작할 것이다. 당신이 실패를 기꺼이 자백한다면, 도중에 넘어지더라도 사람들은 당신의 노력에 감명을 받고 당신을 기꺼이 용서하려 할 것이다.

실패에 대한 두려움 때문에 뉘우침과 성공의 길로 나서는 첫 단계에서 움츠리지 말라. 뉘우침이 상대방의 주요 사과의 언어라면, "내 행동을 바꾸기 위해 정말 열심히 노력할게"를 대신할 말은 없을 것이다.

"나의 사과가 지나치면 어쩌죠?"

세 번째 질문은, "사과가 지나친 경향이 있으면 어떻게 될까요?"이다. 연구 과정에서, 우리는 거의 매일 사과한다는 사람들을 만났다. 그들은 상대방과의 관계에서 긴장감이 조성될 때마다 곧바로 사과했다.

내 발등을 내가 찍어요

지나칠 정도로 사과하는 이유는 다양하다. 어떤 이들은 다른 사람들에게 고통을 주는 말과 행동을 자주하기 때문에 자주 사과한다. 조던은 이렇게 말했다. "나는 줄곧 내 발등을 내가 찍기 때문에 내 아내보다 더 자주 사과해요. 나는 이야기하기 좋아하는 사람이에요. 그 때문에 난처해질 때도 더러 있죠. 생각 없이 말했다가 상대방에게 상처를 주었음을 나중에 깨달아요. 그래서 나는 사과를 많이 한답니다."

엠마는 자신의 남편 앤드류도 그와 비슷한 이유로 인해 정규적으로 사과한다고 말한다. "그는 매일 사과할 일을 저질러요." 처음에 나는 그녀가 농담하고 있다고 생각했지만, 그녀의 얼굴에는 미소가 보이지 않았다. "그처럼 둔감한 사람을 나는 본 적이 없어요. 하지만 사과에는 민첩해요. 사과할 일을 만들지 않는 법을 남편이 배웠으면 좋겠어요."

조던이나 앤드류 같은 사람들의 문제는 사과하지 않으려는 것이 아니라 관계 기술의 결함이다. 그들은 자주 그리고 거리낌 없이 사과함으로써 이 결함에 대처해 왔다. 보다 만족스럽고 장기적인 답은, 그들이 더 나은 관계 기술을 가르치는 세미나에 참석하거나 개인 상담을 받거나 혹은 긍정적으로 관계 맺는 법을 알려주는 책을 읽는 것이다.

내 잘못이라고 생각해요

지나치게 사과하는 경향이 있는 사람들 중에는 낮은 자존감에 시달리는 이들도 있다. 35세로서 독신인 루시는 이렇게 말했다. "나는 직장에서, 집에서 그리고 모든 인간관계에서 대체로 모든 게 내 잘못이라고 생각해요. 나 자신에 대해 좋은 감정을 느껴본 적이 없어요. 인간관계에서 문제가 생기면 나는 그것을 내 잘못으로 여기죠. 그래서 사과해요. 종종 사람들은, '그 일에 대해 당신이 사과할 필요는 없어요. 당신 잘못이 아녜요'라고 말합니다. 하지만 나는 늘 내가 잘못한 느낌이에요."

패트리샤는 피닉스에서 살고 있다. 그녀와 남편은 조기 퇴직하고서 더 따뜻한 곳을 찾아 미시간에서 이사했다. 그녀는 남편에 대해 이렇게 말했다. "데이브는 늘 '미안해요'라고 사과한답니다. 하지만 그것은 '난 내가 무가치하며 아무 것도 제대로 하지 못한다는 걸 알아요'라는 식이에요. 그는 무가치하지 않아요. 훌륭한 사업가죠. 그렇지 않았다면 우리가 조기 퇴직할 수 없었을 거예요. 또한 그는 사과할 일을 많이 하지도 않아요. 그가 자주 사과하는 건 낮은 자존감 때문일 거예요. '나를 용서해줘요. 당신에게 상처를 줄 생각은 없었소'라는 남편의 말이 종종 내 귀에는 건성으로 들리기 때문에 그것은 도리어 상황을 악화시켜요. '미안해요. 난 바보예요'라는 말로 들리죠."

나는 그녀의 남편 데이브와 대화할 기회가 전혀 없었지만, 그가 어릴 적 경험에서 비롯된 낮은 자존감에 시달리고 있거나 혹은 여러 해 동안 그의 단점을 꼬집어 온 지나치게 비판적인 아내의 비난을 묵묵히 받아들임으로써 아내와의 충돌을 피하려고 한다는 생각이 들었다. 어떤 쪽이든 그는 자존감 문제로 고생하고 있었다. 더 나은 관계를 모색하려면, 데이브로 하여금 자아인식을 바로잡을 수 있도록 그리고 자신의 존재에 대한 새롭고도 보다 적극적인 이해에 도달할 수 있도록 도와줄 상담 사무실을 방문하는 게 좋을 것이다.

그냥 넘어가고 싶어요

지나치게 사과하는 사람들의 세 번째 범주는 충돌을 아주 싫어하므로 문제를 속히 해결하고 정상으로 돌아가길 바라는 이들이다. 그들은 자신의 잘못이 아님을 알면서도 단지 문제를 가라앉히기 위해 기꺼이 책임을 지고 사과한다. 그 문제를 오래 거론함으로써 서먹서먹해지는 것을 좋아하지 않는다. 차라리 자신이 사과하고 책임을 지고서 관계를 지속하길 바란다.

흥미롭게도, 가장 많이-자신의 잘못이 아닌데도-사과하는 자가 '사과를 제일 잘하는 사람'이라고들 말한다. "당신과 남편 중에서 누가 사과를 더 잘하나요?"라는 내 물음에, 수잔은 "결혼생활을 해 오면서 지금까지는 남편이 사과를 더 잘했죠. 90%는 남편이 사과해요. 심지어 그의 잘못이 아닌 때라도요. 남편은 화평을 원하기 때문에 대개 먼저 화해하죠"라고 말했다.

돈은 자신의 아내 데니즈가 사과를 더 잘한다고 했다. "아내는 언쟁을 지속하는 걸 싫어해요. 누군가가 사과하기 전에는 언쟁이 끝나지 않는다고 생각하죠. 그래서 내 잘못인 줄 알면서도 아내가 사과하고 말아요."

돈은 그런 아내가 오히려 짜증난다고 했다. "아내 때문에 미치겠어요. 단단히 따지고 싶어도 아내는 사과하는 쪽을 택해요." 하지만 데니즈는 "난 단지 긴장감이 사라지길 원할 뿐이에요"라고 설명했다.

이 같은 이들은 어떤 대가를 치르더라도 평화를 원한다. 언쟁과 다툼이 끝날 수만 있다면 그들은 자신의 잘못을 인정하고 만다. 그들에게는 옳은 것보다는 정서적 평안이 더 중요하기 때문이다. 그러나 이것은 바람직한 해결책처럼 보이지만 종종 내적인 분노를 부글부글 끓게 하기도 한다.

잔과 켄트는 결혼 15년차이며 버지니아 주의 윌리엄스버그 외곽에 살고 있다. 잔이 말했다. "결혼생활을 하면서 사과는 주로 내가 하는 것 같아요. 켄트는 자신의 감정을 말로 표현하는 데 서툴러요. 서로의 기분을 불편하게 하는 거라면 무엇이든 없애고 싶어서 대개 내가 사과하고 말죠. 다시금 서로 얘기하며 지내려면 어쩔 수 없어요. 때로는 내가 잘못한 게 아닌데도 사과해야 하기 때문에 감정이 끓기도 한답니다."

그처럼 내면화된 분노는 종종 둘 간의 감정적 거리감을 조성한다. 표면상으로는 비교적 평온해 보이지만 내면에서는 감정이 부글부글 끓고 있는 것이다.

그런 감정적 분노가 느껴지면 상담자나 목회자 또는 신실한 친구와 대화할 필요가 있다. 그 분노를 처리하지 못하면 서로 간의 관계가 파괴될 수 있다. 어떤 대가를 치르더라도 평화를 지킨다는 태도는 진정한 관계 유지를 위한 길이 아니다. 사과는 진실할 필요가 있다. 참된 화해를 모색하기보다는 단지 문제를 회피하기 위해 사과한다면 그 사과는 진실하지 못하다. 사과의 목적은 용서를 받고 상대방과 화해하는 데 있음을 반드시 기억하라.

인상적인 한마디!
"자신의 선택에 따른 결과는 누구도 면하지 못했고 또한 앞으로도 면하지 못할 것이다." _ 알프레드 몬타페르트

chapter 9
용서하는 법 배우기

　지금까지 사과 '하기'를 이야기했다면 여기서는 사과 '받기'로 방향을 돌릴 계획이다. 앞에서 보았듯이, 어떤 사람의 잘못을 용서하기가 힘들 수도 있다. 그것이 중대한 잘못일 경우에는 특히 그렇다.
　모든 진실한 사과는 두 가지 목표를 가지는데, 잘못을 범한 사람에 대한 용서와 관계 회복이 그것이다. 용서와 화해가 이루어질 때 관계가 지속적으로 발전할 수 있다.
　당신에게 해를 끼친 사람이 당신의 사과의 언어를 사용한다면 용서하기가 좀 쉬워지겠지만, 용서는 여전히 선택이다. 사과를 받을 때 우리는 용서할 것인지의 여부를 선택해야 한다.

　먼저, '용서'라는 말의 의미부터 규명해 보자. 세 개의 히브리어와 네 개의 헬라어가 영어 성경에서 forgive(용서하다)로 번역되었다. 이들은 약간의 의미 차이를 보이는 동의어들로, 핵심 개념은 '덮다, 없애다, 눈감

아주다, 자비롭게 대하다'이다. 이들 중 가장 공통적인 것은 죄(실패)를 없앤다는 개념이다. 이를테면, 시편 기자는 "동이 서에서 먼 것같이 우리의 죄과를 우리에게서 멀리 옮기셨으며"시 103:12라고 노래한다. 이 기자는 하나님의 용서를 언급하고 있다. 하나님의 용서는 인생을 그분의 심판으로부터 구해 준다.

또한 성경은 "우리의 죄를 따라 우리를 처벌하지는 아니하시며 우리의 죄악을 따라 우리에게 그대로 갚지는 아니하셨으니"시 103:10라고 전한다. 이사야 선지자는 우리 죄를 '도말'하고 더 이상 기억하지 않으시는 하나님을 증거했다사 43:25.

하나님의 용서란 우리 죄가 더 이상 하나님과 우리 사이를 가로막는 장벽이 되지 않게 됨을 뜻한다. 용서는 그 간격을 제거하고 하나님과의 자유로운 친교를 가능하게 한다.

인간의 용서도 마찬가지다. 용서는 우리가 벌을 면제하며 가해자를 용서하기로 선택함을 뜻한다. 용서는 감정이 아니라 결심이다. 장벽을 제거함으로써 관계 증진을 계속 도모하려는 결심인 것이다.

당신이 피해자라면 용서란 당신이 보복하지 않음을, 공의를 요구하지 않음을, 그 과실로 인해 장벽이 생기는 것을 허용하지 않음을 뜻한다. 용서는 화해를 낳는다. 이는 신뢰가 곧바로 회복됨을 뜻하진 않는다. 이 점에 대해서는 나중에 자세히 언급할 것이다. 화해란 문제를 뒤로 제쳐두고서 함께 미래를 향함을 뜻한다.

용서 사이클

사과는 '용서 사이클'의 중요한 부분이다. 잘못에 대한 사과가 행해지면 그 다음 용서가 이뤄진다.

하나님의 본보기

이 사이클은 하나님과 인간과의 관계에서도 분명히 드러난다. 선지자 이사야는 이스라엘에게 "오직 너희 죄악이 너희와 너희 하나님 사이를 갈라놓았고 너희 죄가 그의 얼굴을 가리어서 너희에게서 듣지 않으시게 함"사 59:2이라고 지적했다. 우리가 하나님의 사랑으로부터 분리된 것이 아니라, 우리의 불순종이 그분과의 관계로부터 우리를 분리시킨다. 신약성경은 "죄의 삯은 사망"롬 6:23임을 우리에게 상기시킨다. 사망은 궁극적 분리 상태다. 물론, 이는 하나님이 당신의 피조물에게서 바라시는 모습이 아니다. 그러므로 기자는 곧바로 "하나님의 은사는 그리스도 예수 우리 주 안에 있는 영생"롬 6:23이라고 덧붙인다. 하나님은 피조물들과의 친교를 바라신다. 그리스도의 십자가는 바로 그것을 위한 것이다. 하나님은 아낌없이 용서를 베푸신다.

하나님의 용서를 경험하기 위해, 사람들은 '회개'(돌이킴)와 그리스도께 대한 믿음으로 반응해야 한다행 2:37-39 참조. 우리가 하나님의 용서를 받으려면, 자신의 죄를 인정하고 그분의 용서를 받아들여야 한다는 것이다. 사도 요한은 "만일 우리가 우리 죄를 자백하면 그는 미쁘시고 의로우사 우리 죄를 사하시며 우리를 모든 불의에서 깨끗하게 하실 것이요"요일 1:9 라고 증거했다. 따라서 하나님과의 친교를 회복하기 위해 우리는 자신의 죄를 시인해야 한다. 즉 사과해야 한다. 이렇게 할 때 우리는 하나님 아버지의 따뜻한 포옹을 경험하게 된다.

나는 우리를 향하신 하나님의 용서를 되돌아보는 시간을 가졌다. 왜냐하면 성경은 하나님이 우리를 용서하시듯이 우리도 서로 용서해야 한다고 가르치기 때문이다엡 4:32 참조. 이것은 하나님의 본보기다. 현 세상에서 사과를 위한 지혜롭고도 진실한 본보기다. 이것은 두 가지 본질적인 요소, 가해자 측의 자백과 회개 그리고 피해자 측의 용서를 내포하고 있다.

성경에서는 이 두 가지가 결코 분리되지 않는다. 그러므로 사람들 사이의 사과는 용서 사이클에서 중요한 요소다. 본서의 전반부를 효과적인 사과법에 관한 논의에 할애한 것도 바로 그 때문이다. 하지만 일단 사과가 행해지면 피해자는 용서할 것인가, 용서하지 않을 것인가를 선택해야 한다. 용서하면 두 사람 간에 화해의 문이 열리지만 용서하지 않으면 관계가 더욱 악화된다.

예수님은 제자들에게 "무엇이든지 남에게 대접을 받고자 하는 대로 너희도 남을 대접하라 이것이 율법이요 선지자니라"마 7:12고 선언하셨다. 우리 중 대부분은 실패할 때 용서받고 싶어한다. 그러므로 우리는 자신에게 해를 가하는 자들에게도 용서를 베풀라는 요청을 받는다. 우리가 하나님의 용서를 받았으므로 우리도 용서할 수 있다는 것이 기독교의 메시지다. 하나님이 우리를 용서하시는 것은 그리스도께서 우리의 과오에 따른 궁극적 징벌을 대신 당하셨기 때문이다. 따라서 다른 사람들을 용서할 수 있는 능력은 하나님께로서 말미암는다. "주님, 용서할 수 있도록 도와주소서"라고 기도하는 것이 합당하다.

아무 사과도 없을 때

내게 해를 입힌 사람이 사과하지 않으면 어떻게 해야 할까? 그 경우에는 내가 부드러운 태도로 가해자를 만나야 한다. 예수님이 이 접근법을 분명히 알려주셨다. "네 형제가 죄를 범하거든 경고하고 회개하거든 용서하라 만일 하루에 일곱 번이라도 네게 죄를 짓고 일곱 번 네게 돌아와 내가 회개하노라 하거든 너는 용서하라"눅 17:3-4. 이 패턴은 분명하다. 죄를 범한 사람이 곧바로 사과하지 않는다. 그래서 당신이 사과를 기대하며 그를 만난다. 그 사람이 사과하면 당신은 용서한다. 그가 사과하는 한 우리는 무한히 용서해야 한다.

잘못을 지적당하고도 사과를 거부하면 어떻게 해야 할까? 재차 그 사람에게 다가가서 그의 잘못을 알려주고 사과할 기회를 준다. 예수님의 분명한 지시를 들어보자. "네 형제가 죄를 범하거든 가서 너와 그 사람과만 상대하여 권고하라 만일 들으면 네가 네 형제를 얻은 것이요 만일 듣지 않거든 한두 사람을 데리고 가서…"마 18:15-16.

여기서도 패턴은 분명하다. 당신이 재차 또는 세 번째로 찾아간다. 그때마다 당신은 기꺼이 용서하려 하며 화해를 모색한다. 궁극적으로 잘못한 사람은 용서의 필요성을 인정하지 않으려 하며 그릇된 행위에 대해 사과하길 거부한다. 그런 때에도 그리스도인은 그들을 위해 기도하고 그리스도의 사랑을 전하려고 하며 또한 그들이 회개하여 용서받기를 소망해야 한다.

사과하지 않으려는 사람을 우리가 용서해야 한다고 예수님은 말씀하시지 않았다는 점에 주목해야 한다. 또한 예수님이 도덕적인 죄의 문제를 다루고 계셨다는 점에도 주목하자―"네 형제가 죄를 범하거든." 인간관계에서 우리가 짜증스러워하는 어떤 일들은 말 그대로 짜증스러운 것일 뿐이다.

배우자가 설거지하는 모습이 우리 마음에 들지 않는다. 다른 방법으로 하라는 우리의 요구를 받아들이지 않는다고 해서 그것이 도덕적으로 잘못된 것은 아니다. 인간관계에서 생기는 짜증들 중에는 우리가 간과하거나 참거나 감수할 수 있는 것들이 많다. 그러나 도덕적인 잘못은 사과와 용서에 의해서만 제거될 수 있는 장벽이다.

그러므로 어떤 사람이 여러 차례 지적을 받고서도 도덕적 잘못에 대해 사과하길 거부한다면 우리는 그 사람을 하나님께 맡겨야 한다. 그의 잘못에 대해 개인적으로 보복하기보다는 하나님의 손에 맡겨야 한다. 성경은 보복이 사람에게가 아니라 하나님께 속한 것이라고 한다롬 12:19 참조. 그 이유는 다른 사람에 관해, 그의 행동은 물론이고 그의 동기에 관해 모든 걸 아는 분은 하나님뿐이시기 때문이다. 그리고 하나님만이 궁극적 재판관이시기 때문이다.

하나님께 맡기라

따라서 부당한 대우를 받아서 고통과 분노를 느끼는 이는 모든 것을 아시는 천부께 그 사람을 넘겨야 한다. 하나님은 그 사람을 올바르고 공정하게 다루실 수 있다.

예수님도 친히 모범을 보이셨다. 사도 베드로는 예수님을 "욕을 당하시되 맞대어 욕하지 아니하시고 고난을 당하시되 위협하지 아니하시고 오직 공의로 심판하시는 이에게 부탁하시며"벧전 2:23라고 했다. 웨이마우스는 이 부분을 "그가 의로우신 재판관의 손에 맡기셨다"라고 번역한다.[14] 인간으로서, 예수님은 자신에게 해를 가한 자들에게 보복하지 않으셨다. 그 대신 그 모든 상황을 하나님께 맡기셨다. 하나님이 올바르게 심판하실 것임을 아셨기 때문이다.

해를 당할 때 종종 우리는 자신이 공의를 요구하지 않으면 아무도 바로잡지 않을 거라고 생각한다. 당신은 잘못을 범한 친구와 그 잘못을 하나님께 넘길 수 있다. 그분이 당신을 대신하여 최상의 조치를 취하실 것이기 때문이다. 공의에 대해 그분은 당신보다 더 많은 관심을 기울이신다.

일단 하나님께 넘겼으면 이제 당신 자신의 죄를 자백할 때다. 상심과 분노가 죄악은 아니지만 종종 우리는 분노로 인해 죄악된 행동을 범하게 된다. 파괴적인 언행에 대해 상대방과 하나님께 시인해야 한다. 상대가 사과를 거부한다 해서 당신도 그래서는 안 된다. 상대방이 당신을 용서할 수도 있고 그러지 않을 수도 있지만, 사과를 통해 자신의 잘못을 기꺼이 시인함으로써 당신은 거울을 똑바로 바라볼 수 있을 것이다.

당신의 언어로 사과하지 않을 때 용서하기

상대방이 당신의 사과의 언어로 말하지 않는다면 어떻게 해야 할까? 이는 흔한 경우다. 사실, 본서를 쓴 동기도 바로 이것이다. 수많은 사람들이 진지한 사과를 하지만 그 사과가 진실된 것으로 받아들여지지 않는 이유는 상대방의 사과의 언어로 말하지 못하기 때문이다.

나는 모든 사람이 이 책을 읽어서 서로의 사과의 언어로 말할 수 있었으면 좋겠다. 하지만 그렇게 되기 전에라도 당신이 5가지 사과의 언어들을 이해하고 있으면, 상대방의 마음을 파악하는 데 도움이 될 것이다. 아마 상대방은 진실하며 자신이 아는 언어로 사과하고 있을 것이다. 그럴 경우에 당신은 상대방이 당신의 사과의 언어로 말하지 않아도 그를 용서할 수 있을 것이다.

다음과 같이 말했던 한 엄마가 기억난다. "당신에게서 5가지 사과의 언어를 들은 후에 내 아들을 용서하기가 한결 쉬워졌답니다. 아들은 서른 살이며 여러 차례 사과를 했지요. 하지만 '미안해요'라는 말밖에 할 줄 몰라요. 아들에게는 그게 사과죠. 내가 듣고 싶은 것은 '내가 잘못했어요. 나를 용서해주시겠어요?'라는 말이랍니다. 그러나 아들은 '미안해요' 하고는 끝나버려요.

과거에는 내가 거의 매번 아들을 용서했죠. 하지만 아들의 진실성이 늘 의심스러웠어요. 강의를 듣고 난 후에 나는 아들이 진실하며 자신의 사과의 언어로 말하고 있다는 걸 알게 되었어요. 비록 그것이 나의 사과의 언어는 아니지만 아들의 진심을 나는 믿는답니다. 그래서 진심으로 용서하기가 쉬워졌어요."

너무 쉽게 하는 용서의 위험성

어떤 이들은 빨리 그리고 거리낌 없이 용서하라는 교육을 어릴 적부터 받아 왔다. 상대방이 어떤 사과의 언어로든 사과하기만 하면 그를 용서하며 그의 진실성에 대해 의혹을 갖지 않으려 한다. 그렇게 함으로써 파괴적인 행동을 삼가려는 것이다.

리사는 벤과 결혼한 첫 해에 스트레스를 많이 받았다. 새 도시로 이사했고 두 차례나 집을 팔고 다른 집을 샀다. 리사는 줄곧 건강이 좋지 않았다. 벤은 직장을 옮겼고 그의 부모는 이혼했으며 그의 아버지는 자살하겠다고 으름장을 놓았다. 리사 부부는 교회에서 독신자를 위한 사역을 시작했다. 나(제니퍼)에게 보낸 편지에서 리사는 심각한 문제를 언급했다. "결국 내 남편이 간음죄를 범했어요."

나는 리사의 편지를 자세히 읽어 보았다. "나는 하나님이 그를 용서하며 사랑하라고 지시하시는 것을 느꼈어요. 그래서 그렇게 했어요. 누구나 실수할 수 있다는 생각이 들었죠. 나는 기꺼이 용서했고, 그 문제를 단 두 차례 더 언급했을 뿐이에요. 하지만 1년 후에 남편은 또 다른 여자와 바람을 피웠어요. 이번에는 내가 거세게 대처했고 남편으로 하여금 호된 대가를 치르게 했어요. 우리 목사님이 개입했어요. 그래서 다시금 그에게 사랑과 자비를 보이기로 했답니다. 그가 미안하다며 '뉘우쳤을 때' 나는 그를 용서했어요.

그로부터 8년이 지났고, 남편은 몰래 불륜 관계를 지속했어요. 어느 날 밤에 그가 전화로 '나는 다른 여자와 사랑에 빠져 있어. 그래서 오늘 밤에 집에 들어가지 못할 거야' 라고 말했어요. 그 시점에, 나는 자물쇠를 다 바꾸고 그와 함께 변호사 사무실에 가서 별거 서류에 도장을 찍었죠."

리사와 벤은 1년째 별거 중이었다. 그 기간 동안, 그들은 허물어진 결혼을 복구하기 시작했다. "하나님의 기적과 많은 상담 그리고 건전한 관계 설정을 통해 우리는 문제에서 놓여났고, 열네 번째 결혼기념일을 축하했어요" 라고 리사가 말했다.

그렇다. 그것은 놀라운 결말이다. 리사는 그들의 불안정한 결혼을 하나님이 구해주셨다고 말한다. 또한 그녀는 벤의 거짓이 그토록 오래 지속되고, 자신이 더 강한 조치를 더 빨리 취하지 않은 데 대해 후회하고 있다. "내가 5가지 사과의 언어를 알아서 남편의 진실성을 더 잘 분간했더라면 결혼생활을 더 잘 지킬 수 있었을 거예요. 용서라는 이름으로 나약하게 종속되지는 않았을 겁니다. 참된 뉘우침에 대한 분별력이 뚜렷해졌을 것이며, 견딜 수 없는 고통의 세월도 단축시킬 수 있었을 거예요."

나는 리사 말이 옳다고 생각한다. 어떤 사람의 부정적인 행동을 지적하는 것이 사랑의 행위다. 리사가 5가지 사과의 언어를 알았더라면, 처음 상처를 입었을 때 용기 있게 다음과 같이 말했을 것이다. "나는 당신을 너무나 사랑하기 때문에 이 문제를 가볍게 여길 수 없어요. 함께 포괄적인 상담을 받기로 합의하지 않는다면 나는 결혼 관계를 지속하지 않을 겁니다. 내게는 우리의 관계가 너무 중요하기 때문에 이 문제를 가볍게 다룰 수 없어요." 도덕적으로 중대한 과실이 있을 때 우리가 장기적이며 진실한 변화를 기대한다면 그런 행동의 원인을 처리해야 한다.

시간이 좀 필요해요

앞에서 언급했듯이, 사과에 대한 반응은 대개 두 가지이다. 용서하거나 용서하지 않는 것이다. 그런가 하면 세 번째 반응도 있다. "생각할 시간을 좀 주세요. 나는 당신을 용서하고 싶지만 이 모든 걸 정리하기 위한 시간을 좀 가져야겠어요."

때로는 우리가 너무 깊게 또는 너무 자주 상처를 받아서 정서적으로나 영적으로 또는 육체적으로 용서할 상황이 아닌 경우도 있다. 우리에게는 내적인 치유나 정서적인 균형 감각 또는 육체적인 건강의 회복을 위한 시간이 필요하다. 한 남편은 이렇게 말했다. "다시는 마약을 하지 않겠다는 아내의 말을 처음 들었을 때, 나는 아내를 용서하고 결혼생활을 지속하기로 했어요. 자신의 행동을 진심으로 뉘우친다고 생각했기 때문이죠. 나는 아내가 다시는 그러지 않을 거라고 확신했어요. 그러나 아내는 거짓말을 반복해 왔어요. 치료 프로그램에도 참가했지만 그 프로그램이 끝나기 3주 전에 떠나 버렸죠. 아내는 혼자서 극복할 수 있다고 말했어요. 말뿐이었죠. 일주일도 못가서 다시 마약에 손을 댔답니다.

이번에는 아내가 한번만 더 기회를 달라고 부탁합니다. 프로그램을 잘 지키겠다고 다짐하죠. 나는 치료비를 대주겠다고 했지만 아내를 용서할 수 있을지 모르겠어요. 나도 지쳤어요. 아내 문제로 기도하고 싶지만 지금 당장은 아내를 보기도 싫어요."

한숨을 길게 내쉰 뒤 그가 다시 말을 이었다. "난 아내를 사랑해요. 아내도 나를 사랑한다고 말해요. 하지만 어떻게 그럴 수가 있습니까? 사랑한다면서 어떻게 그럴 수 있나요? 이해하기 힘든 행동이에요. 때가 되면 내가 아내를 용서할 수 있기를 바랍니다. 아내가 진실하길 원해요. 나는 아내가 잘못된 길을 걸어왔음을 깨닫길 원해요. 하지만 지금으로서는 난 모르겠어요."

이 남편은 마음 속 깊이 아내를 용서하고 싶어한다. 진정으로 사랑하는 관계를 맺길 원하지만 자신이 아내를 용서할 수 있을지 알 수 없다. 시간이 해결해 줄 것이다. 그는 가능성을 열어 놓고 있으며 기도하며 기다린다. 때로는 그렇게 하는 것이 용서를 위한 유일한 접근법이다. 그 사이에 그는 하나님 앞에서 자신의 감정을 가다듬어야 하며 마음의 상처가 증오심으로 바뀌지 않도록 주의해야 한다.

여기서 신뢰 재건의 문제가 제시된다. 용서와 신뢰는 동일시될 수 없다. 용서는 결심이므로 진실한 사과를 들었다고 생각할 때 곧바로 실행할 수 있는 것이다. 반면에 신뢰는 '결심'이 아니라 '감정'이다. 신뢰는 말하는 대로 할 거라고 믿는 지속적인 확신이다.

분명 신뢰는 인지적인 측면을 내포한다. "나는 당신이 성실한 사람이라고 믿기로 결심했어요"는 신뢰에 근거한 말이다. 하지만, 이 말은 감정의 토양 속에 뿌리를 내리고 있다. 신뢰란 상대방을 경계하거나 의심할 필요가 없는 감정 상태다. 상대방이 해치지 않을 것이므로 감정적인 경계심을 풀 수 있는 상태다.

대부분의 관계들에서 신뢰는 관계의 초기 단계에 개발된다. 과거에 심한 상처를 받은 적이 없다면 우리는 사람들의 자기소개를 액면 그대로 믿으려는 경향이 있다. 처음 몇 달 동안의 관계에서 그 점을 의심하게 하는 경우가 생기지 않으면 처음 신뢰가 확고해지며 깊어진다.

따라서 건강한 관계에서 신뢰는 정상적인 감정 상태다. 친구들은 서로를 신뢰한다. 배우자들이 서로를 신뢰한다. 가까운 직장 동료들도 대체로 서로를 신뢰한다.

하지만 신뢰가 깨트려지면 사과와 용서가 이뤄졌다고 해서 곧바로 그것이 회복되지는 않는다. 상대방이 믿지 못할 사람으로 판명되었으므로 신뢰가 떨어진다. 내가 솔직하다면 "나는 당신의 사과가 진실하다고 믿기 때문에 당신을 용서합니다. 그러나 솔직히 말해서 당신을 이전처럼 깊이 신뢰하지는 않아요"라고 말할 것이다.

신뢰가 깨트려질 때에는 그것을 어떻게 다시 세울 수 있을까? 신뢰받을 수 있는 행동을 지속적으로 하는 것이 그 답이다. 진실한 사과와 진정한 용서는 다시 신뢰를 쌓을 수 있는 가능성을 열어준다. 어떻게 이런 일이 일어날까? 다년간 부부들을 도와 온 내 경험에 의하면, 자신의 삶을 상처 입은 배우자에게 상세하게 공개하는 것이 최선책이다.

신뢰 재건이 한 과정이며 시간을 요하기 때문에 때로는 사람들이 이렇게 말한다. "나는 내 배우자를 용서했다고 생각해요. 그러나 어떤 날에는 내가 용서하지 않았다는 느낌이 들어요. 이는 내가 남편(아내)을 신뢰하지 않기 때문이죠."

그들이 고심하는 이유는 용서와 신뢰를 혼동하기 때문이다. 요컨대 용서는 징벌을 배제하고 상대방과의 관계를 유지하려는 선택이다. 반면에 신뢰는 단계적으로 회복된다. 일정 기간에 걸쳐 변화된 행동이 보일 때 당신은 상대방에 대해 보다 낙관적이며 편안한 느낌을 갖기 시작한다. 이런 과정이 지속되면 마침내 다시금 신뢰가 온전히 회복될 것이다.

사이클 완료

용서는 관계를 회복시키는 능력이 있다. 용서하지 않기로 하는 선택은 관계 단절을 선언하는 것이다. 용서가 없다면 관계는 끊어진다. 용서로 인해 관계가 회복되고 서로 간의 삶이 풍요로워질 가능성이 있다.

용서의 힘은 아무리 강조해도 지나치지 않다. 그것은 모든 진실한 사과의 목표다. 용서가 이뤄지지 않으면 사과는 마치 기계 장치와 연결되지 않은 느슨한 전선과 같다. 사과만으로는 관계를 회복시킬 수 없다. 사과는 용서를 요청하는 것이다. 궁극적으로 관계를 회복시키는 것은 용서의 선물이다. 어떤 사람이 친구에게 잘못을 범하여 우정에 금이 가게 했지만 재빨리 진심으로 사과한다면, 앞으로 둘의 관계를 결정하는 것은 상대방의 과오나 사과가 아니라 그를 기꺼이 용서할 것인지의 여부다. 용서는 순환 과정을 완료시켜 화해로 이끈다. 용서가 없다면 사과의 목적이 퇴색되고 만다.

🍎 용서하는 말

- "당신의 말에 나는 깊은 상처를 받았어요. 나는 당신이 그 점을 깨달았다고 생각해요. 내게 사과해줘서 고마워요. 그러지 않았다면 나는 당신을 용서할 수 없었을 거예요. 당신의 진실성을 믿기 때문에 당신을 진심으로 용서합니다."
- "당신의 사과를 듣고 감동했어요. 내게는 우리의 관계가 너무나 소중해요. 따라서 당신을 용서하기로 했어요."
- "내가 이런 말을 진지하게 할 수 있을 줄 몰랐어요. 당신의 행동에 너무나 실망했거든요. 당신이 그렇게 하리라고는 상상도 못했답니다. 그러나 나는 당신을 사랑하며 당신의 사과가 진실하다고 믿어요. 그래서 당신을 용서하겠습니다."
- "당신이 일을 잘못 처리해서 나의 시간과 돈이 허비되었어요. 그러나 이 문제

에 대해 나는 당신을 용서하고 싶어요. 당신의 수정 계획이 실행되면 내가 당신을 용서할 수 있을 거라고 믿어요."
- "당신이 자존심을 누르며 '내가 잘못했어요' 라고 말하는 게 얼마나 힘든지 난 알아요. 당신은 달라진 걸로 보이며 그래서 나는 당신을 용서합니다."

인상적인 한마디!

"용서는 의지의 행위이며, 의지는 마음 상태에 상관없이 작용할 수 있다."
_코리 텐 붐

THE FIVE LANGUAGES OF APOLOGY

Part 3

사과의 언어 실천하기

10. 가정에서 사과하기
11. 자녀에게 사과 가르치기
12. 데이트 관계에서 사과하기
13. 일터에서 사과하기
14. 자신하게 사과하기

가정에서 사과하기

가정 내에도 깨진 관계들이 많다. 부모가 자녀를 말로나 물리적으로 학대하고서도 사과하려 하지 않으면, 자녀들은 부모에게 버림받았다는 느낌으로 성장한다. 또한 부부간에도 서로 거칠게 대하고 사과하길 거부하면 마침내 헤어지는 경우를 많이 보았다. 우리는 이 책에 담긴 통찰이 이러한 가족원들을 정서적으로 재결합시키는 데 큰 도움을 줄 거라고 믿는다.

부모에게 사과하기

몇 년 전에 내 아들 데렉이 대학원에 다닐 때의 일이다. 아들은, 더 나은 삶을 소망하면서 그 도시로 이주했으나 집도 없이 고생하는 젊은이들과의 친분을 맺는 데 사역의 초점을 맞췄다. 3년간의 사역 끝에 데렉이 내게 말했다. "아빠, 내가 길거리에서 알게 된 이들은 거의가 부모와 소원해진 상태였어요. 여러 해 동안 가족과의 연락이 끊긴 친구들이 대부분이고요." 그 원인이 무엇이냐고 내가 물었다.

"그들 중에는 말로나 물리적으로나 또는 성적으로 부모의 학대를 당한 이들이 많아요. 그들이 어느 정도 나이를 먹으면 곧바로 달아나서 다시는 뒤돌아보지 않아요. 그러나 꽤 안정적인 가정에서 자란 사람들도 있어요. 하지만 이들은 십대에 마약에 빠져 버렸어요. 부모들이 도우려고 노력했지만 결국 희망을 잃고 포기했으며 그래서 이 젊은이들은 스스로 생계를 꾸려나가야 해요."

한 번은 아들과 함께 한 주간을 보냈다. 샌프란시스코 거리를 걸었고, 아들과 친분을 맺었던 젊은이들을 만났다. 이들의 이야기를 들으면서 나는 먼 도시나 시골 마을에서 자녀의 귀가를 위해 기도하는 부모들이 얼마나 많을까 하고 생각했다. 예수님의 이야기에 나오는 한 젊은이가 생각났다. 그는 아직 아버지가 생존해 있는데도 자기 몫의 유산을 달라고 간청했다. 아버지가 그 청을 들어주자 젊은이는 상당히 많은 돈을 가지고서 떠났다. 그는 '내일 죽을 터이니 먹고 마시자'는 철학을 따랐다. 세월이 지나, 그는 무일푼 신세로 전락했고 돼지 치는 일자리를 얻어 겨우 입에 풀칠을 했다 눅 15:11-16 참조.

어느 날 그는 집 생각이 났다. 집으로 돌아가서 아버지께 사과하고 밭에서 일하는 품꾼으로 써달라고 부탁하기로 결심했다. 마침내 계획을 실행에 옮겼다. 먼 길을 걸어 아버지에게로 돌아가서 진심으로 사과드렸다. 그리고 품꾼으로 일하고 싶다는 뜻을 밝혔다. 놀랍게도, 아버지는 모든 걸 용서하고 그를 품꾼이 아니라 아들로 받아주었다눅 15:17-24 참조. 그 거리의 젊은이들의 눈을 들여다보면서, 나는 사과하기로 결심만 하면 부모와 화해할 수 있는 청년들이 엄청 많을 거라고 생각했다.

부모의 학대를 받은 자들도 사과를 받아야 한다. 하지만 그들이 먼저 나서지 않으면 그런 일은 쉽게 일어나지 않는다. 부모들은 연락 두절된 성인 자녀에게 사과할 수가 없다. 결혼 세미나에서 만났던 마르시에 관한 이야기가 기억난다. 그녀는 친아빠에 의해 겁탈당했고, 이로 인해 남편과의 성생활에 큰 장애를 느꼈다. 남편의 권면에 따라 그녀는 상담을 받았고 그 덕분에 자신의 문제에 대한 통찰력을 얻게 되었다. 마르시는 아버지를 만나서 그토록 오래 전에 일어났었던 일을 처리하기로 결심했다. 그녀는 자신이 그 문제를 일으킨 것이 아님을 알고 있었다. 또한 여러 해 동안 쓰디 쓴 분노로 인해 부모와의 화해를 모색하지 않았던 사실도 알고 있었다. 상담가의 도움과 남편의 지원으로 마르시는 부모에게 전화를 드려 만나줄 수 있느냐고 물었다. 그들은 그러자고 했다.

마르시가 말했다. "그건 내가 해 본 여행 중 가장 긴 것이었고 내가 나눠 본 대화 중 가장 힘든 대화였어요. 당시에 나는 5가지 사과의 언어에 대해 전혀 몰랐죠. 그러나 사과로 시작해야겠다고 생각했어요. 뒤돌아 보면 나는 5가지 사과의 언어 모두를 말하려고 했던 것 같아요."

마르시는 자신이 했던 말을 회상한다. "분노와 비통함에 사로잡혀 오래도록 엄마 아빠와 연락을 끊고 지낸 걸 사과하러 왔어요. 그렇게 한 건 잘못인 줄 알고 있어요. 정말 죄송해요. 내 잘못을 만회하기 위한 방법이 있을지는 모르지만 나는 노력할 참입니다. 앞으로는 달라지길 원해요. 나를 용서해주시겠어요?"

마르시의 말이 끝날 때쯤에, 그녀의 부모들은 울고 있었다. "처음에 엄마가 나를 껴안았고 이어서 아빠가 나를 껴안고서 '그래, 그래' 하고 말했어요. 그 다음에 일어날 일에 대해서는 나는 준비되어 있지 않았죠. 아빠가 눈물을 글썽이며 말했어요. '너를 용서하마. 하지만 먼저 내가 용서받아야 할 일이 너무 많구나. 나는 아빠가 네게 행한 일이 잘못임을 알고 있단다. 이 문제를 네 엄마와 의논한 적이 한 번도 없지만 이번 기회에 다 털어놓아야겠어. 내가 끔찍한 방법으로 널 성추행한 걸 말이야. 그리스도인이 된 이후로 나는 여러 차례 하나님께 용서를 빌었고 눈물도 많이 흘렸어. 이제 네 엄마도 나를 용서해줄 수 있었으면 하고 바랄 뿐이야.'

내가 아빠를 껴안고서 말했어요. '아빠를 용서해요. 나도 그리스도인이에요. 그리스도께서 내 죄뿐만 아니라 아빠의 죄도 없애기 위해 죽으셨음을 나는 알아요.'

엄마가 아빠를 보며 말했죠. '내가 당신을 용서할 수 있을지 모르겠어요. 저 아이가 그런 일 때문에 그토록 오랫동안 내게서 멀어져 있었다니.'

다음 두 시간 동안 우리는 함께 얘기를 나누며 울었어요. 이 문제로 인한 상처를 치료하러 상담가를 찾아가보도록 부모님께 권해드렸죠. 그것은 우리 모두를 위한 치유 여정의 시작이었어요."

내가 분명히 말할 수 있는 것은, 그녀의 아빠가 자신의 죄를 사과하지 않았다면 그들의 관계는 회복되지 않았을 거라는 사실이다. 마르시는 아빠에게 사과드리지 않았을 수도 있다. 하지만 사과를 통해 그녀는 자신의 과오를 처리하고 있었다. 우리 모두 그렇게 할 수 있다. 종종 우리가 기꺼이 사과함으로써 상대방으로 하여금 더 쉽게 사과할 수 있게 하는 정서적인 분위기를 조성한다.

성인 자녀에게 사과하기

이제 그 반대 경우를 살펴보자. 완벽한 부모는 없다. 젊은이들이 부모의 사과를 받아들이고 심각한 학대를 가했던 부모를 진심으로 용서하는 모습을 우리는 많이 보아 왔다. 당신이 성인 자녀와 소원해진 상태라면 먼저 사과해 보는 게 어떻겠는가? 마르시의 아버지가 먼저 자신의 과오를 자백하고 용서를 구했더라면 고통의 세월을 많이 줄일 수 있었을 것이다. 좀 더 일찍 감정적인 치유를 받을 수 있었다면 그의 난처함은 자그마한 대가에 불과했을 것이다. 그가 용서를 구함으로써 단절 기간을 줄일 수 있었을 것이다. 모든 과오들이 성추행처럼 파괴적인 것은 아니지만, 우리가 자녀에게 잘못을 범하면 그 결과는 늘 부정적이다. 자신의 과오를 시인하고 자녀에게 용서를 구하는 것이 감정적인 장벽을 제거하는 길이다.

  전형적으로 우리가 범하는 잘못들은 도덕적이라기보다는 관계적이다. 어느 독신자 수양회 때 나는 '부모 자녀 관계'에 대해 강연했다. 후에, 브렌더가 찾아와 말했다. "제 부모님은 좋은 분들이었어요. 나를 위해 많은 걸 해주셨죠. 사실, 그게 문제였어요. 너무 많은 걸 해주셨어요. 나는 단지 딸일 뿐인데 두 분 다 나를 위해 헌신했어요. '너를 위해서라면 무엇이든 한다'가 그들의 철학이었죠. 그 결과, 나는 아무 것도 스스로 할 수 없다는 생각으로 자랐어요. 일곱 살무렵, 나는 아침에 내 이부자리를 정돈했어요. 몇 분 후에 엄마가 들어와서 '아이구, 이런. 엉망진창이네'라고 말하고는 엄마의 방식으로 다시 정돈하셨어요. 엄마는 그렇게 하는 게 옳다고 생각하셨겠지만, 그로 인해 내 마음 속에는 나는 무능한 존재라는 생각이 자리 잡았어요. 나는 대학생활도 잘해내지 못했죠. 이는 주로 나의 부정적인 자아개념 탓이랍니다."

  "나는 부모님을 무척 사랑해요." 브렌더가 말을 이었다. "내 생각에, 두 분의 결혼생활이 아주 불안했던 까닭에 두 분 다 나를 돌보는 일에서 만족을 얻었던 것 같아요. 두 분이 서로를 돌보았으면 그리고 내게도 나 자신을 돌보는 법을 가르쳐주셨으면 좋았을텐데 말예요. 내 생각을 부모님께 알려주고 싶지만 그들의 마음을 상하게 하고 싶진 않아요. 엄마는 내가 좀 더 자주 집에 오지 않는 걸 의아하게 생각해요."

  나는 브렌더의 처지가 너무나 안타까웠다. 이와 유사한 부모 문제로 고민하는 젊은이들을 많이 만났다. 그들의 부모들은 전형적으로 일을 열심히 하며 궁핍한 가정에서 성장한 경우가 많다. 힘들게 일한 결과 성공을 거두었고, 그들은 자신이 받지 못한 것을 자녀들에게는 다 해주고 싶어한다. 하지만 그들이 너무 많이 해줘서 자녀들은 스스로 하는 법을 전혀 배우지 못한다. 그들의 '자상함'이 자녀들로 하여금 삶의 여러 영역에서 의존적인 태도를 갖게 한 것이다. 경제적인 면에서 특히 그렇다. 이런 젊은이들은 돈의 가치를 모르고 자라며 일할 의욕을 별로 느끼지 않는다. 이들은 경제적인 핸디캡을 지닐 뿐만 아니라 관계적으로나 정서적으로도 어려움을 겪는다.

당신의 성인 자녀가 삶의 여러 영역들에서 잘 적응하지 못하고 있거나 당신과 소원해진 상태라면, 당신의 양육 패턴을 되돌아볼 필요가 있을 것이다. 지금이 사과해야 할 때일 수도 있다.

당신이 고의적으로 잘못을 저지른 것은 아니다. 당신의 자녀를 돌보려고 했을 뿐이다. 하지만, 당신의 행동이 자녀의 삶을 더 힘들게 만든 것은 사실이다. 물론 당신의 사과가 성인 자녀의 감정적, 관계적 무능함을 해결해주지는 못하겠지만, 당신과 자녀와의 관계를 치유할 수는 있을 것이다. 성인 자녀들이 여러 해 동안 겪어왔지만 당신에게 차마 얘기하지 못했던 것을 이제 당신이 보고 있다는 사실은, 당신이 자신의 실패에 신경 쓰고 있으며 또한 그것을 시인할 만한 용기를 지니고 있음을 그들에게 보여주는 것이다. 당신이 성인 자녀의 주요 사과의 언어를 알고 있다면 그것을 사과에 포함시키라. 만약 모른다면, 5가지 사과의 언어를 모두 말하는 게 효과적일 것이다.

형제자매에게 사과하기

대부분의 형제자매들은 자라는 과정에서 서로에게 상처를 주는 말이나 행동을 한다. 그들이 사과를 배우지 않는다면, 이 상처들이 서로의 관계를 단절시키는 감정적인 벽을 형성할 수 있다. 한번은 마이클이 내 상담 사무실을 방문했다. "나는 약 2년 전에 그리스도인이 되었어요. …그러나 내 마음을 정말 불편하게 하는 일이 있어요. 내 남동생과의 관계가 아주 나쁘답니다. 사실, 서로 말을 하지 않고 지낸 지 5년째예요. 어머니 장례식 이후로 나는 동생에게 얘기도 건네지 않았죠."

"이렇게 된 원인이 뭔가요?" 하고 내가 물었다.

"장례식 후에 누나와 나는 남동생과 함께 엄마 묘지의 묘비에 관해 얘기하고 있었어요. 동생은 묘비가 돈 낭비일 뿐이라고 말했죠. 나는 몹시 화를 냈고 그런 식으로 생각한다면 앞으로 다시는 그를 보지 않을 거라고 말했어요. 그래서 누나와 내가 묘비 값을 지불했고 그 이후로 나는 동생을 보지 않았답니다. 내가 그리스도인이 된 다음 그 문제는 나를 몹시도 괴롭혀 왔어요. 성경에서 용서에 관한 내용을 읽으면서 나는 동생과의 불화를 지속시키는 게 옳지 않다고 생각하게 되었어요."

"어머니 장례식 전에는 동생과의 관계가 어땠어요?" 내가 물었다.

"꽤 잘 지내는 편이었죠. 서로 끔찍이 위해 주는 사이는 아니었지만, 서로에게 상처를 주는 말은 결코 하지 않았어요. 우린 둘 다 서로를 존중했어요. 동생은 내가 원하는 만큼 자주 어머니를 뵈러 오지는 않았어요. 나는 매일 어머니 집을 들렀고 누나도 거의 그랬죠. 하지만 동생은 일주일에 한 번 정도 들렀어요. 묘비 문제에 부딪히자 나는 더 이상 참을 수 없었죠."

"아버지는 계신가요?"

"어렸을 때 돌아가셨어요. 어머니는 재혼을 하지 않았죠. 어머니는 우리를 위해 모든 에너지를 다 쓰셨죠. 그것은 내가 동생의 태도에 분개했던 또 다른 이유일 겁니다."

"당신이 화를 냈던 이유를 나는 충분히 이해하겠어요. 그 상황이었다면 나도 화를 냈을 겁니다. 그러나 다시는 보고 싶지 않다고 했던 말은 지나친 것 같군요."

"나도 알아요. 너무 화가 나서 그랬죠. 그 순간에는 정말 그런 마음이 들었어요. 그러나 지금은 후회하고 있어요. 형제간에 같은 도시에 살면서 서로 말도 하지 않는다는 건 옳지 않죠."

"과거에 동생이 무슨 일로든 당신에게 사과한 적이 있나요?"

그는 잠시 생각하고서 말했다. "사과를 들어 본 기억이 없어요. 어머니가 아프실 때 더 자주 찾아뵙지 못해서 미안하다고 동생이 누나에게 말했다고 합니다. 그 말을 들으니 기뻤지만 그때는 이미 너무 늦었어요."

나는 마이클에게 사과의 언어들에 대해 설명하고 동생의 사과를 들어 본 적이 있느냐고 물었던 이유를 말해 주었다. "대체로, 사람들은 자신이 받고 싶은 사과의 언어를 사용하죠. 당신의 동생이 병든 모친을 더 자주 찾아뵙지 못해 미안하다고 누나에게 말했다는 걸로 미루어 나는 그의 사과의 언어가 '미안해요. 내가 잘못했어요'라는 '유감 표명'과 '책임 인정'이라고 봅니다. 동생을 만나서 어머니 묘비 문제 때문에 했던 말을 사과해 보세요."

"그건 힘든 일이에요." 그가 말했다.

"맞아요. 어쩌면 지금까지 당신이 한 일들 중에 가장 힘든 일일지도 몰라요. 하지만 가장 생산적인 일들 중 하나이기도 하죠." 우리는 가능한 사과의 말을 다음과 같이 함께 생각해 보았다.

어머니의 장례식 후에 묘비에 대해 얘기하면서 내가 네게 너무 심하게 행동했다는 걸 알아. 네게 했던 말 때문에 내 마음이 편치 않아. 내가 잘못했다는 걸 알아. 그 이후로 많이 생각했어. 그런 말을 해서 정말 미안해. 네가 나를 용서할 수 있을지 모르지만 나는 용서를 구하고 싶어. 네 용서를 받기 위해 내가 할 수 있는 일이라면 뭐든지 할 생각이야. 내가 너를 그런 식으로 대하고 다시는 보고 싶지 않다고 말했던 게 늘 마음에 걸려. 정말 네가 보고 싶었어. 내가 한 말을 다시 주워 담을 수는 없지만 그런 말을 해서 미안하다고 말하고 싶어. 그건 내 본심이 아니었어. 나를 용서해주길 바래.

마이클은 이 내용을 큰 소리로 읽었다. 그의 눈에 눈물이 맺혔다. "내 마음 그대로예요. 이 말을 동생에게 해줄 기회를 찾고 싶어요. 어떻게 하죠?"

"동생에게 전화를 해서 저녁 시간에 들러서 5분 정도 볼 수 있겠는지를 물어 보는 게 어때요? 그가 거절하면 한 달 후에 다시 전화해 보세요. 하지만 내 생각에는 그가 거절하지 않을 거라고 봐요. 동생 집에 도착하면 잡다한 애기에 시간을 많이 들이지 마세요. 곧바로 핵심으로 들어가서 오래도록 당신의 마음을 불편하게 해 온 일로 사과하러 왔다는 걸 알리세요. 동생을 만난 뒤 내게 전화해 주세요. 나도 궁금하니까요." 그는 그러기로 했고 함께한 시간에 대해 내게 감사를 표했다.

6주 쯤 지나 마이클이 내 사무실로 왔다. "선생님의 조언을 들었다는 게 너무 기쁩니다. 그건 내 생애에 가장 힘든 일들 중 하나였지만 내가 동생에게 사과했을 때 그는 울기 시작했어요. 그가 말했죠. '내가 잘못 말했다는 걸 알아. 어머니 묘비 값을 나도 보탰어야 했어. 나는 감상에 사로잡히는 성격이 아니지만 그건 잘못한 게 분명해. 처음에는 형의 말을 듣고 내 마음이 상하고 화가 났어. 하지만 후에 나는 형이 그렇게 말할 만했다는 걸 깨달았어. 형이 나를 용서해준다면 나도 형을 용서해줄게.' 우리는 서로 껴안고 오랫동안 함께 울었어요.

그러고 나서 동생이 말했죠. '묘비 값이 얼마였는지 말해줘. 나도 내고 싶어.' 나는 그럴 필요 없다고 했지만 동생은 꼭 그러고 싶다고 했어요. 정말 멋진 시간이었죠. 다음 주에 동생 내외를 우리 집에 초청하여 야외 요리를 즐길 계획입니다. 아내도 엄청 기뻐하고 있어요. 사과할 수 있는 용기를 내게해 주셔서 정말 감사해요."

배우자에게 사과하기

부부 관계는 가정에서 핵심이 되는 관계다. 건강한 결혼생활의 특징은 부부가 서로에게 상처를 주었을 때 사과할 줄 안다는 데 있다. 배우자의 사과의 언어로 말할 줄 알면 부부간의 사과를 통한 관계 회복이 더 효과적으로 진행된다.

어느 화창한 오후에, 젊은 부부가 내(제니퍼) 상담실을 찾아 왔다. 오드리와 크리스는 둘 다 서른 미만으로 보였지만 결혼 12년차였고 한 자녀를 두고 있었다. 말하기 좋아하는 오드리가 방문 이유를 설명하기 시작했다. 최근에 그녀는 컴퓨터 검색 결과, 자신이 일하러 간 후에 크리스가 거의 매일같이 포르노를 보았다는 사실을 알게 되었다. 그는 일하는 시간을 융통성 있게 조절할 수 있었다. 그 문제로 오드리는 무척 속이 상했다. 하지만 함께 그 문제를 해결하고 결혼생활을 강화시키기로 약속했다.

나는 그 부부의 마음 자세에 감명을 받았다—그들은 서로의 감정에 대해 관심을 기울였고, 포르노와 부부 간의 친밀성에 대해 기꺼이 대화하려 했다. 크리스는 놀라울 정도로 개방적이었다. 오드리를 실망시켰던 포르노를 일절 보지 않기로 이미 약속했었다.

오드리는 크리스의 결심을 기뻐했지만 더 많은 무엇인가를 원했다. 남편이 자신의 배신감을 이해해주길 원했다. 오드리는 여러 시간에 걸쳐 논리정연하게 얘기했었다. 입장이 바뀌어 그녀가 다른 남자들을 음

란하게 바라본다면 크리스의 기분은 어땠을까? 오드리는 크리스가 원하는 모습이 되려고 온갖 노력을 다 기울였다고 했다. 체중을 줄이고 크리스의 요구에 즉각적으로 응했다.

그러는 중에 크리스는 포르노 일로 인해 오드리가 성적으로 그를 만족시킬 수 없다고 느끼는 것 같다는 생각을 하기 시작했다. 그녀는 실패감 같은 것을 느꼈다. 이 점을 깨닫자, 크리스는 단순히 '미안한' 데서 그치지 않았다. 포르노 때문에 오드리와 소원해졌으므로 이제 자신이 '잘못'을 범했다고 생각했다.

"이제 내가 얼마나 잘못했는지 알겠어요." 크리스가 내 앞에서 오드리에게 말했다. "나는 그게 별 문제가 아니라고 생각했지만 우리의 친밀한 관계를 무너뜨릴 수도 있다는 걸 이제 알겠어요. 다시는 그런 짓을 하지 않을 겁니다." 오드리는 안도의 한숨을 쉬면서 포르노와 관련한 크리스의 태도 변화가 그의 사과를 더욱 의미 있게 했다고 말했다. 또한 그로 인해 크리스는 강요된 승낙보다는 자신의 내적인 확신에서 포르노와 깨끗이 결별했다.

오드리의 사과의 언어는 책임 인정이었다. 그녀는 "내가 잘못했어요"라는 말을 듣고 싶었다. 상담 전에는, 그가 할 수 있는 거라고는 "당신 마음을 아프게 해서 미안해요"라는 말뿐이었다. 오드리로서는 그것으로 만족할 수 없었다. 진실한 사과로 여기지 않았던 것이다. 하지만 크리스가 포르노가 죄라는 점을 기꺼이 시인했을 때 오드리는 그를 진심으로 용서하려 했다.

크리스와 오드리는 사과의 가치뿐만 아니라 배우자의 사과의 언어로 표현하는 사과의 가치도 배웠다. 이 같은 사과는 수많은 부부들을 화해시킬 수 있는 잠재력을 지니고 있다. 우리는 진실한 사과를 효과적으로 전할 수 있는 법을 배우려는 부부들에게 본서가 도움이 되기를 바란다.

친인척들에게 사과하기

여기서는 시어머니나 시아버지는 물론이고 장인, 장모, 며느리, 그리고 사위에 대해 얘기하려 한다. 친인척 관계가 껄끄러워지기 쉬운 근본적인 이유는 결혼이 두 가지 전통과 가족 관계 패턴이 하나로 결합되기 때문이다. 이런 차이들로 인한 다툼은 거의 불가피하다. 이 다툼을 처리하지 못할 때 장기간의 '문제'가 발생할 수 있다.

"우리 며느리를 이해할 수 없어요." 캐서린이 말했다. "며느리는 우리가 손자들을 보러 갈 때 반드시 미리 전화를 해달라고 말해요. 대체 이게 무슨 관계죠?"

그녀의 남편인 커티스가 거들었다. "내가 어릴 적에는 우리 조부모들이 거의 매일 우리 집에 들르셨죠. 그것은 내 어릴 적의 가장 소중한 기억들 중 하나랍니다. 우리는 며느리를 좋아해요. 며느리가 우리 아들 앨런과 데이트할 때 결혼할 거라고 말했을 때 우리는 정말 기뻤어요. 그런데 아이가 생기니 변한 것 같아요. 왜 그렇게 까다롭게 굴까요?"

"아마 그녀가 아내이자 엄마이자 종업원이자 또한 합창단원이어서 그럴 겁니다." 내가 말했다. "너무 바쁘게 살아가다 보니, 두 분이 예고 없이 들르면 며느리가 스트레스를 받나 봐요."

그들은 내 말을 듣고 충격을 받은 듯했다. 내가 말을 이었다. "며느리와 앨런이 아이들을 봐달라고 종종 부탁하나요?"

"거의 매주 그러죠." 캐서린이 말했다. "그들이 외출하여 함께 시간을 보낼 수 있도록 우리가 애를 많이 썼죠. 그런데 이런 식으로 하다니."

나는 가족 역학 관계의 변화나 세대 차이에 대해 설명하려 했다. "두 분이 어릴 적에는 삶이 훨씬 더 단순하고 편안하고 느렸죠. 또한 이웃끼리 자주 왕래했어요. 하지만 오늘날에는 해야 할 일이 많아지고 생활도 한층 더 분주해졌죠. 그래서 자녀를 기르는 젊은 부부들이 친인척들이 예고 없이 방문하면 스트레스를 느낀답니다."

그들이 방문하기 전에 미리 전화해달라는 며느리의 요청이 오늘날의 문화에서는 비정상적이지 않음을 말해 주었다. 또 캐서린과 커티스가 손자들을 봐주는 시간을 최대한 활용하여 서로 교류하는 주된 기회로 삼으라고 제안했다. 그리고 예고 없는 방문으로 스트레스를 가한 데 대해 며느리에게 사과할 필요가 있음을 상기시켰다. 그들이 기대한 상담 결과는 이런 내용이 아니었을 것이다. 하지만 그들은 내 말을 이해하려고 노력했다. 나는 며느리와의 관계를 악화시키는 언행을 중단할 때까지 지속적으로 내 사무실을 방문하여 도움을 받을 것을 그들에게 권했다.

"두 분은 며느리와의 관계에서 매우 중요한 시점에 와 있습니다." 내가 제안했다. "두 분이 진실하게 사과할 때 그 상처가 치유될 것이며 또한 장래에 긍정적인 관계가 존속될 거예요. 며느리의 사과의 언어를 혹시 아시나요?" 그들은 멍한 눈으로 나를 보았다. 이는 그들에게 그것이 새 개념임을 뜻했다. 그래서 나는 5가지 사과의 언어를 그리고 상대방의 사과의 언어로 말하는 것이 왜 중요한지를 그들에게 설명해 주었다.

"내 생각에 며느리의 사과의 언어는 책임 인정이에요." 캐서린이 말했다. "왜냐하면 앨런이 말하기를 둘이서 말다툼을 하고 나면 며느리가 '내가 잘못했어요' 라는 말을 듣고 싶어한다고, 그리고 그런 말을 듣지 않으면 아예 사과로 여기지도 않는다고 했거든요."

"그렇다면 그것을 그녀의 주요 사과의 언어라고 가정합시다. 그러니 사과하실 때 그 말을 꼭 넣으세요. 다른 사과의 언어들 속에 그것을 포함시켜도 괜찮을 겁니다." 나는 그렇게 말한 다음 사과의 말을 작성해 보았다.

우리가 예고 없이 불쑥 찾아가서 너와 앨런과 아이들을 괜히 곤란하게 했다는 걸 알게 되었단다. 그럴 마음은 전혀 없었는데 말이야. 어쨌든 우리가 잘못했다는 걸 알았어. 우리가 어릴 적에는 삶이 훨씬 느슨했고 사람들은 항상 예고도 없이 우리 집에 들렀지. 하지만 지금은 다르다는 걸 알아. 우리 모두가 많은 압박감을 느끼며 살고 있어. 너희는 직장 일과 교회 일을 해야 하고 자녀들의 활동도 보살펴야 하겠지. 우린 그 점을 존중하고 싶구나. 우리에게 아이들을 돌볼 수 있게 해줘서 고마워. 우린 그 시간을 즐겨. 그러니 언제든 편안한 마음으로 전화하거라. 우리가 들를 때는 항상 전화부터 하마. 방문 거절을 당해도 마음에 두지 않을게. 스트레스를 많이 받는 때가 있다는 걸 우리도 알기 때문이지. 우리는 너희 내외를 너무나 사랑한단다. 그리고 너희가 좋은 가족 관계와 굳건한 결혼생활을 유지하길 바란단다. 우린 너희에게 부담이 아니라 소중한 존재가 되고 싶어. 그러니 과거에 다소 억지를 부린 걸 용서해주겠니? 우린 그게 잘못임을 알았고 앞으로는 달라지길 원한단다.

훗날 그들은 그 사과가 성공적이었고 이제 며느리와 좋은 관계를 유지하고 있다고 했다. "우린 21세기를 살아가는 법을 배워야 한다고 봐요. 우릴 도와줘서 정말 고마워요." 누군가가 기꺼이 사과하고 상대방의 사과의 언어로 말할 줄 안다면 친인척 관계에서 일어나는 대부분의 문제들이 해결될 수 있을 것이다.

조부모에게 사과하기

우리는 대부분 조부모를 생각할 때, 손자들을 위해 좋은 일을 해주는 자애롭게 미소짓는 사람을 떠올린다. 물론, 실제로는 온갖 유형의 조부모들이 다 있다. 어떤 이들은 자애롭고 행복한 이미지에 걸맞다. 그런가

하면, 엄하고 이기적이며 매정한 이들도 있다. 손자들도 각양각색이다. 사랑하는 마음이 쉽게 끌리는 아이들이 있는가 하면, 비위 상하는 행동을 하는 아이들도 있다. 손자들도 매정할 수 있다. 어떤 손자들은 조부모의 돈을 훔치기도 한다. 조부모의 점잖은 체하는 모습이나 종교적 신념에 대해 흉을 보는 손자들도 있다. 조부모를 무시하고 멀리하는 이들도 있다.

조부모에게 한 말이나 행동에 대해 사과할 필요가 있는 경우들은 다양하다. 조부모의 사과의 언어를 이해하면, 그 사과를 보다 효과적이게 하며 긍정적인 관계를 회복할 가능성이 조성될 것이다.

17세 때 폴라는 휴가를 떠난 조부모의 차를 훔쳐서 끌고 다니다가 엉망으로 부서뜨렸고 자신은 병원 신세를 졌다. 이 사건이 있기 전에 그녀는 조부모와 잘 지냈고 자유롭게 그들의 집을 왕래했다. 종종 그들은 그녀에게 용돈을 주고 선물을 많이 주었다. 폴라가 신뢰를 깨트리자 조부모는 무척 마음이 상했다. 그들은 폴라가 이런 식으로 그들을 이용할 거라고는 꿈도 꾸지 않았다. 그날 밤에 폴라는 친구들과 어울려서 술을 마셨다. 술에 취한 상태에서 그녀는 장난 드라이브를 해 볼 생각을 했다. 친구들이 말리려고 했지만 그녀는 조부모가 상관하지 않을 거라며 고집을 부렸다.

이틀 후에 조부모가 휴가에서 돌아왔을 때 그들은 병원에 있는 폴라를 찾아갔다. 그녀는 육체적으로 그다지 심한 상처를 입지 않았지만 심적으로는 깊은 좌절감에 사로잡혀 있었다. 자신을 무척이나 사랑했던 두 분을 실망시켰음을 알았다. 그래서 간곡하게 사과드렸다.

"미안해요. 내가 잘못했어요. 두 분을 이용하지 말았어야 했어요. 내가 한 짓이 너무 후회스러워요. 차를 파손시켜서 죄송해요. 그날 밤에 술을 마셨어요. 애당초 술을 마시지 말았어야 했지만 그게 핑계일 수는 없어요. 죄송해요. 제발 용서해주세요."

폴라의 할아버지가 매우 천천히 말했다. "폴라야, 우리는 네가 한 짓에 너무 실망했단다. 우린 네가 이런 짓을 할 거라고는 꿈도 꾸지 않았어. 네가 술을 마시는 줄도 우린 몰랐다. 그날 밤에 네가 죽을 수도 있었다는 얘기를 듣고서 너무 가슴이 아팠지. 우리는 네가 미안해 한다는 걸 알아. 그리고 과오를 뉘우치고 있다는 것도 알아. 그러나 네가 진심으로 사과하고 싶다면, 자동차 수리비를 지불해야 할거야. 그러면 우리는 네 사과를 진실한 걸로 받아들이마.

우린 널 사랑한단다. 너를 위해서라면 뭐든 다 해주고 싶어. 하지만 네가 한 짓을 간과할 수는 없단다. 네 몸이 나으면 수리비를 갚도록 해라. 파트타임 일을 해서라도 갚을 수 있을 거야."

그들이 병실에서 나갔을 때 폴라는 충격을 받은 상태였다. 할아버지가 그런 반응을 보이실 거라고는 생각도 못했었다. 그녀는 자신이 울면서 사과하면 할아버지가 무조건 용서해주실 거라고 생각했다. 그녀는 두 가지를 이해하지 못했다. 첫째, 할아버지의 사과의 언어는 보상이었다. 그에게는 보상이 포함되지 않은 사과란 진실하지 않은 것이었다. 둘째, 할아버지는 손녀가 자신의 행동에 따른 고통을 겪지 않는다면 다시

술을 마시고 더 심각한 짓을 저지를 수도 있다는 걸 알고 있었다. 그가 차 수리비를 모조리 갚으라고 말했던 것은 손녀를 진정으로 생각해서였다.

훗날 그 할아버지는 그것이 이제껏 해 본 말들 중에 가장 하기 힘든 말이었다고 털어놓았다. 왜냐하면 그는 손녀를 사랑했기 때문이다. 그것이 손녀에게 결코 잊혀지지 않는 교훈이 되게 해달라고 그는 기도했다.

여러 달 후에, 폴라가 수리비의 절반을 갚았을 때 할아버지가 말했다. "폴라야, 네가 성실한 사람이라는 걸 내게 보여주었어. 매달 성실하게 수리비를 갚아 왔구나. 나는 네가 이 기회를 통해 큰 교훈을 얻었기를 바란다. 앞으로는 네가 그런 짓을 다시는 하지 않을 거라는 확신이 들어. 그러니 수리비의 나머지 절반은 탕감해주마. 네 사과가 진실하며 네 행동에 대한 책임을 인정한다는 것을 내게 보여주었기 때문이지."

폴라가 울면서 말했다. "고마워요, 할아버지. 정말 감사해요. 이 교훈을 결코 잊지 않을 거예요. 그리고 다시는 술을 마시지 않겠어요. 삶이 알코올보다 중요하다는 걸 잊지 않을게요."

"그렇게 말하는 것을 들으니 기쁘구나." 폴라를 껴안으며 할아버지가 말했다.

건강한 가족 관계를 위해 진실한 사과가 필요한 것은 한 가지 이유 때문이다. 우리 모두가 때로는 과오를 범한다. 가족원들과의 관계에 있어 우리 중 누구도 완벽하지 않다. 건강한 가족 관계는 완벽을 요구하는 것이 아니라, 실패를 적극적으로 처리할 것을 요구한다. 진실한 사과는 상한 마음을 치유하고 관계를 재건하는 데 있어 가장 중요한 단계이다.

> **인상적인 한마디!**
> "다른 것들이 우리 사이에 끼어들 수도 있지만, 우리는 가족과 함께 시작해서 가족과 함께 끝난다." _앤소니 브랜트

자녀에게 사과 가르치기

　최근에 나는 양육과 관련하여 가장 평판이 좋은 책들을 30여 권 읽었다. 이들 중에서 아이들에게 사과를 가르치는 내용을 단 한 장도 할애한 책이 없었다. 나는 이런 생각이 들었다. '어른들이 사과하기 힘들어하는 이유 중 하나가, 그들이 어릴 때 사과하는 법을 배운 적이 없기 때문일 거야.'

　베스트셀러인 『내가 알아야 할 모든 것은 유치원에서 배웠다』에서 로버트 풀검은 이렇게 말했다. "누군가에게 상처를 주었다면 미안하다고 말하라."[15] 풀검은 이것은 자신이 유치원에서 배웠던 열두 가지 중 하나였다고 했다. 그래서 나는 아직도 유치원에서 그것을 가르치는지를 알아보려고 몇몇 유치원 교사들을 만났다. 그 결과 사과를 주제로 다루는 교과 과정을 배운 교사들이 하나도 없다는 사실이 밝혀졌다. 어떤 교사가 우연히 이 주제의 중요성을 자각한다면, 아이들에게 "미안해요"라고 말하라고 가르칠 수는 있다. 하지만 교과 과정 차원에서 정식으로 다루지는 않을 것이다. 따라서 로버트 풀검이 오늘날의 유치원과 같은 곳에 다녔다면 그의 책에서 이 장이 없어질 것이다.

왜 그 주제가 더 이상 다섯 살짜리 아이들이 배워야 할 진실이 아닌지에 대해 나 자신에게 물어 본다. 아이들에게 사과를 가르치는 자료가 희귀한 것은 현대 사회의 비도덕적 풍조 탓일까? 아이들로 하여금 그들의 행동이 다른 사람들에게 상처를 줄 수 있음을 시인하게 하면 혹시 그들의 자존감을 해칠까봐 우리가 두려워하는 걸까? 우리가 자유와 창의성에 몰두한 나머지 전적인 자유란 혼돈으로 이어질 뿐이라는 사실을 간과한 걸까? 아니면 사람을 선천적으로 선하다고 보는 철학 탓인가? 이 철학에 의하면, 아이들에게 필요한 것은 선천적인 선을 개발할 수 있는 안전한 환경이다. 그리고 환경이 적절하다면 아이는 결코 사과할 필요가 없다는 것이다. 그 이유가 어떻든 나는 로버트 풀검이 옳았다고 본다.

어른들이 사과할 필요가 있다면(이 점에 대해 누가 반대하겠는가?), 사과의 기술은 어릴 때부터 배워야 한다. 본장에서 제시하는 몇 가지 개념들이 부모들에게 도움이 되길 바란다. 이는 우리 아이들이 알아야 할 내용들이다.

1. 자신의 행동에 대한 책임을 인정하게 하라

우리 자녀들에게 사과를 가르치는 첫 단계는 자신의 행동에 대한 책임을 인정하게 하는 것이다. 이는 매우 일찍부터 그리고 도덕적 판단력이 분명하지 않은 때부터 시작할 수 있는 것이다. 문제를 감추거나 비난을 전가하는 행동 유형들은 어릴 적 습관에서 비롯된 경우가 많다. 매우 순진한 예로, 나(제니퍼)는 두 살짜리 아이가 트림을 하고서 "내 기저귀가 그랬어" 하며 비난을 전가하는 걸 들은 적이 있다.

내 여동생과 제부는 아이들에게 일찍부터 자신의 행위에 대한 책임을 인정하도록 가르치는 것이 중요하다는 점을 우연히 내게 상기시켜주었다. 내 기억에 우리는 함께 차를 타고 있었다. 당시에 그들의 첫 아이 애너는 겨우 두 살이었다. 우리가 무슨 심부름을 하느라고 함께 차를 타고 가는데 애너는 내게서 받은 감자튀김을 만지작거렸다. 자그마한 손가락으로 꽉 쥐자 그것이 두 조각으로 부러졌다. 애너가 "이게 부러졌어!" 하고 소리질렀다.

"아냐, 애너야. 네가 부러뜨렸어." 제부가 말했다.

그러자 애너는 곧바로 말을 고쳤다. "내가 이걸 부러뜨렸어."

나는 이 사소한 교정 과정을 보면서, 부드럽게 어린 자녀에게 자신의 행동을 '인정'하도록 가르치는 좋은 본보기를 배우게 되었다. 그 부러진 조각이 도덕성과는 아무런 상관이 없었지만, 아이에게 자신의 행동에 대한 책임을 인정하는 법을 가르치는 데에는 매우 효과적이었다.

자신의 언행에 대한 책임을 인정하는 것은 사과 배우기의 첫 단계이다. 대개 아이들은 자신의 긍정적인 행동에 대한 책임에 대해서는 쉽게 인정한다. "내가 가장 빨리 달렸어요", "미술 시간에 내가 이걸 그렸어요." 이는 자신의 행동에 대해 자신 있게 책임을 인정하는 말들이다. 반면에 아이들은 별로 훌륭해 보이지 않는 행동에 대해서는 쉽게 책임을 인정하려 하지 않는다. "엄마가 먹지 말라고 하신 과자를 내가 먹었다고요?" "내가 니콜을 계단에서 밀었다고요?" 이런 일에 대해 책임을 인정하게 하려면 부모로서 훨씬 더 많은 노력을 기울여야 한다.

별로 훌륭하지 않은 행동에 대한 책임을 인정하도록 아이들을 가르치는 한 가지 방법은, 자신이 했던 말을 반복하게 하되 '나'라는 말로 시작하게 하는 것이다. 앤디가 문을 열어 놓았고, 길 잃은 고양이 한 마리가 집 안으로 들어왔다. 아이의 엄마가 "이 고양이가 어떻게 집 안에 들어왔을까?" 하고 물었을 때, 앤디는 "갑자기 나타났네요. 아마 굴뚝을 타고 내려왔을 거예요"라고 대답했다. "다시 해 보자." 엄마가 말했다. "'내가 문을 열었고 그래서 고양이가 집 안으로 들어왔어요'라고 앤디야 다시 말해 봐."

그러자 앤디는 "내가 문을 열고 집 안으로 들어왔더니 이 고양이가 나를 보고 있었어요"라고 말했다. 아이는 엄마를 쳐다보고 미소를 지었다.

"한 번 더 해 봐." 엄마가 또 말했다. "나를 따라 하거라. '내가 문을 열고 집 안으로 들어갔어요.'"

"내가 문을 열고 집 안으로 들어갔어요" 하고 앤디가 따라 했다.

"그리고 누가 문을 닫지 않았지?"

"고양이가 문을 닫지 않았어요."

"그건 옳아. 하지만 진짜 문을 닫지 않은 게 누구지?"

"내가 문을 닫지 않았어요."

"맞아." 아이의 엄마가 말했다. "우리가 '나'라는 말로써 말을 시작할 때, 자신의 행동에 대한 책임을 지고 있는 거란다. 내가 우유를 약간 가지고 갈테니 너는 문을 열어라. 그러면 아마 고양이가 우리를 따라 나올 거야." 이 엄마는 장난을 치면서도 자신의 행동에 대한 책임을 인정하는 법을 아들에게 가르치고 있었다.

2. 자신의 행동이 다른 사람들에게 영향을 줌을 이해시키라

사과하는 법을 자녀에게 가르치는 두 번째 단계는 그들의 행위가 항상 다른 사람들에게 영향을 미친다는 걸 이해시키는 것이다. 내가 식탁 정리를 도우면 어머니의 기분이 좋아진다. 내가 공을 집 안에서 던져 전등을 깨트리면 어머니의 기분이 상한다. 내가 아버지에게 "사랑해요"라고 말하면 아버지는 흐뭇해하고, "미워요"라고 하면 아버지의 마음이 상한다.

나의 말과 행동이 사람들에게 도움을 주기도 하고 상처를 입히기도 한다. 내가 사람들에게 도움을 줄 때 나 자신도 기분이 좋다. 내가 사람들에게 상처를 주면 나 자신도 기분이 좋지 않다.

삶에는 황금률이 있다. 당신이 대접받기를 원하는 방식으로 다른 사람들을 대접하라는 것이다.[16] 그것은 다른 사람들을 대하는 법과 관련한 표준이다. 또한 그것은 아이들에게 좋고 나쁜 것이 무엇인지를 알려준다.

우리의 행동이 다른 사람들에게 영향을 미친다는 것을 자녀에게 알려줄 수 있는 기회들은 많다. 힐러리는 1학년이고, 동생 대니얼은 네 살로 유치원에 다닌다. 어느 날 저녁 식사 전에, 두 아이가 함께 놀고 있는데 "넌 야만인이야. 내 방에서 나가"라는 힐러리의 말이 엄마의 귀에 들렸다. 대니얼은 울음을 터뜨리며 엄마에게로 달려갔다. "누나가 나보고 야만인이래."

엄마는 아이를 꼭 껴안고서 말했다. "나도 알아. 내가 누나한테 말할게. 내가 누나랑 얘기할 동안 넌 여기 앉아서 그림책에 색칠하고 있거라." 엄마는 힐러리 방으로 가서 말했다. "얘야, 야만인이라는 말을 어디서 들었니?"

"학교에서. 브랫이 에단더러 야만인이라고 불렀어."

"그 말이 무슨 뜻인지 아니?"

"야만인은 나쁜 짓을 하는 사람이야."

"옳아. 하지만 사람들에게 욕하는 건 좋지 않아." 엄마가 말했다.

"그런데 대니얼이 나쁜 짓을 했단 말이야. 내 인형 집을 마구 뭉개버렸어. 내가 간신히 정돈해 두었는데 말야."

"맞아. 그건 좋은 행동이 아니야. 대니얼은 '미안해'라고 말해야 해. 하지만 동생을 야만인이라고 부르는 것도 좋지 않아. 야만인이라는 말을 듣고 대니얼이 몹시 마음이 상했을테니 너도 '미안해'라고 말해야 하지 않겠니?"

엄마는 주방으로 가서 대니얼의 손을 잡고 말했다. "엄마가 너와 힐러리에게 하고 싶은 말이 있단다. 함께 가자. 나는 너희 둘 다 잘못한 걸 알고 있다고 생각해. 대니얼, 힐러리가 인형 집을 가지고 놀고 있을 때 네가 끼어들어 엉망으로 만드는 건 잘못이야. 무슨 말인지 알겠니?" 대니얼이 고개를 끄덕였다. "누나는 인형 집을 정돈하느라고 힘들었기 때문에 니 행동에 기분이 상한 거란다. 그리고 힐러리, 네가 야만인이라고 해서 대니얼의 마음이 몹시 상했단다. 네 동생이 계속 울어대는 걸 너도 들었을 거야. 우리가 나쁜 짓을 할 때, 우리가 사람들에게 욕할 때 그들에게 상처를 주는 거란다. 그리고 우리가 누군가에게 상처를 주었을 때에는, '미안해'라고 말해야 한단다.

힐러리, 네가 누나니까 먼저 사과하거라."

힐러리는 약간 머뭇거리다가 "너를 야만인이라고 말해서 미안해" 하고 말했다.

"자 이제 네 차례야, 대니얼." 엄마가 말했다.

"미안해" 하고 대니얼이 말했다.

"뭐가 미안하지?" 엄마가 거들었다.

"누나 인형 집을 엉망으로 만들어서 미안해."

"좋아. 이제 서로 껴안아줘." 오누이가 서로 껴안았고 엄마가 이렇게 말했다. "좋아. 이제 대니얼은 가서 색칠을 마무리하고 힐러리는 네 방에서 놀거라. 저녁 준비가 끝나면 부를게."

이 어머니는 나름대로 유치원을 가지고 있으며 우리의 행동이 다른 사람들에게 영향을 미친다는 것을 그리고 우리가 잘못을 범할 때에는 "미안해"라고 말할 필요가 있다는 것을 자녀들에게 분명히 가르치고 있다.

3. 삶에는 언제나 규칙이 있음을 이해시키라

자녀에게 사과를 가르치는 세 번째 단계는 삶에는 언제나 규칙이 있음을 이해시키는 것이다. 가장 중요한 규칙은 황금률이다―다른 사람들에게 대우받고자 하는 방식으로 그들을 대우하라.

이 외에도 다른 규칙이 많으며, 이들 대부분은 우리로 하여금 좋은 삶을 살도록 돕기 위해 마련되었다. '집 안에서 축구공을 던져서는 안 된다'는 대부분의 부모들이 정해 두는 규칙이다. 이 규칙을 정한 데에는 분명한 이유가 있다. "우리는 자신의 것이 아닌 물건에 손대지 않는다. 다른 사람들에 관해 근거 없는 말을 하지 않는다. 길을 건널 때에는 반드시 양편을 살핀다. 아프지 않는 한 월요일부터 금요일까지 매일 학교에 간다."

자녀를 위한 규칙들은 수백 가지다. 이들 중에는 부모가 만든 것도 있고 학교 교사들이 만든 것도 있다. 조부모들이 만든 것도 있다. 거의 언제나, 이 규칙들은 자녀로 하여금 건강한 어린 시절을 보내고 책임질 줄 아는 어른으로 자라게 하기 위한 것이다.

어른들에게는 더 많은 규칙들이 있다. '나는 체중을 10kg 감량할 때까지 매주 세 차례 헬스장에 나갈 것이다' 와 같은 규칙은 스스로 만든 것이다. 그런가 하면, '우리는 서로에게 자신의 스케줄을 줄곧 알려줄 것이다' 처럼 부부 간의 합의에 의한 규칙들도 있다. 정부에 의해 제정된 규칙들이 있는가 하면, 하나님이 내려주신 것들도 있다. 규칙이 없다면 삶은 혼돈에 빠질 것이다.

그런데 부모가 자녀를 위해 규칙을 세울 때에는 다음 질문을 고려해야 한다. "이 규칙이 내 자녀에게 좋은가? 이것이 내 자녀의 삶에 긍정적인 효력을 미칠까?" 특정한 규칙을 정할 때 고려해야 할 실제적인 물음들은 다음과 같다.

- 이 규칙이 자녀를 위험이나 파멸로부터 지켜주는가?
- 이 규칙이 자녀에게 어떤 긍정적인 특성을 – 정직, 근면, 친절, 나눔 등 – 가르쳐주는가?
- 이 규칙이 재산을 지켜주는가?
- 이 규칙이 자녀에게 책임감을 가르치는가?
- 이 규칙이 예의범절을 가르치는가?

이 물음들에 답하는 과정에서 우리는 가족을 위한 건강한 규칙들을 보다 쉽게 찾아낼 것이다. 이들은 우리가 부모로서 관심을 가져야 할 요소들이다. 우리는 자녀를 위험과 파멸로부터 지키길 원한다.

일단 부모가 어떤 규칙을 세우기로 동의하면 가족 전체가 그것에 유의할 필요가 있다. 미리 언급되지 않은 규칙은 부당한 규칙이다. 자녀가 알지도 못하는 어떤 기준에 따라 살도록 기대될 수는 없다. 부모는 자녀에게 규칙들을 확실하게 이해시킬 책임이 있다. 자녀들은 점차 자라면서 그 규칙이 왜 정해졌는지를 알아 갈 것이고, 부모의 진심 어린 사랑을 느끼는 자녀들은 대개 그런 규칙들의 가치를 인정할 것이다.

그러나 규칙은 변할 수 있다. 특정한 규칙이 유익하기보다는 해로운 것을 알게 되면 당신은 그것을 기꺼이 바꿔야 한다. 우리 가정에서는 식탁에서 노래하지 않기로 하는 규칙이 있었다. 하지만 우리는 이 규칙이 우리 집안의 풍조에서 유래된 것이며 식사 시간에 대한 우리의 개념과는 맞지 않음을 재빨리 간파했다. 아내는 음악인이고 나 또한 음악을 무척 좋아하는 사람인 까닭에, 우리는 그 규칙이 폐지될 필요가 있다는 그리고 누구든 식탁에서 노래하고 싶으면 (입 속에 음식을 넣고 있지 않는 한) 자유롭게 해도 된다는 결론을 내렸다.

일단 규칙이 분명하게 정해지고 부정행위에 따른 결과도 숙지되었다면, 부모는 그 결과를 확실히 경험하게 하는 책임을 져야 한다. 부모가 어느 날에는 부정행위를 눈감아주고 다음 날에는 같은 행위에 대해 엄하게 질책한다면, 그것은 불순종적이며 존경할 줄 모르는 자녀로 키우는 지름길이 된다. 불순종 행위가 드러났을 때 가능한 한 빨리 징계를 가해야 한다. 그리고 징계는 늘 사랑과 단호함으로 가해져야 한다.

부정행위에 따른 결과를 미리 정해 두면, 그 순간의 감정 상태에 좌우

되지 않을 수 있다. 그 결과에 대해 가족이 이미 동의했다면, 당신은 그대로 시행되는지를 살피기만 하면 된다. 어떻게 해야 할지를 결정할 필요가 없다. 이미 동의한 사항대로 따르기로 결심하기만 하면 된다. 감정 상태에 따라 자녀에게 소리를 지르거나 손찌검을 가하는 경우가 드물어질 것이다.

부모가 징계할 때에는 자신의 감정을 철저히 조절하여 사랑으로 해야 한다. 결코 소리를 질러서는 안 되며 항상 자녀의 고통을 깊이 헤아리는 깊은 긍휼을 곁들여야 한다.

자녀들은 그들을 징계해야만 하는 현실에 대해 부모가 안타까워한다는 사실을 자각해야 한다. 어떤 사람이 불순종하면 다른 사람들이 어려움을 겪을 수밖에 없다. 자녀가 순종을 배우는 것은 고통을 통해서이며 부모는 일관성을 통해 존경받는다.

분명하고 의미 있는 규칙과 규칙 위반에 따른 처벌을 정하며 또한 그 처벌을 공정하고 확고하게 시행하는 것은 자녀에게 사과를 가르침에 있어 무엇보다 중요한 일들에 해당한다. 이 과정은 자녀에게 다음과 같은 생각을 심어준다. "나는 내 말과 행동에 책임을 져야 한다. 내가 규칙을 따르면 유익을 얻고 규칙을 범하면 처벌을 당한다." 이것은 도덕심을 북돋운다. 내가 옳은 일을 하면 좋은 결과가 따르지만 나쁜 일을 하면 부정적인 결과가 따른다. 이 같은 도덕심은 자녀가 사과의 필요성을 이해하는 데 도움이 된다.

4. 사과가 우애를 회복시킴을 이해시키라

자녀에게 사과하는 법을 가르치는 네 번째 단계는 좋은 관계를 유지하기 위해서는 사과가 반드시 필요하다는 사실을 알려주는 것이다. 말이나 행동으로 다른 사람에게 상처를 주면 그 사람과 나 사이에 장벽이 생긴다. 만약 내가 사과를 하지 않으면 그 장벽은 계속 남아 있게 되고 그 사람과의 관계도 손상될 것이다. 이런 해로운 언행이 사람들을 내게서 떠나게 만든다. 어린아이든, 십대든 혹은 어른이든 이 사실을 깨닫지 못하면 결국 홀로 고립될 것이다.

스티븐은 어머니의 도움으로 이 원리를 배우고 있다. 어느 날 저녁에 스티븐이 집으로 돌아와서 바닥에 누워 TV 채널을 돌렸다. "왜 이렇게 일찍 왔니?" 그의 어머니 샤론이 물었다. "금방 뒤뜰에서 놀고 있는 것 같더니."

"다른 애들이 집으로 갔어요." 스티븐이 대답했다.

"왜 갔지? 이제 겨우 네 시인데."

"어쨌든 가버렸어요" 하고 아들이 말했다. 어머니는 무슨 일이 있었음을 직감하고서 "아이들이 일찍 돌아간 걸 보니 무슨 일이 있었구나?"라고 물었다.

"걔들은 새로운 게임을 원치 않아요. 나는 만날 같은 게임을 하는 게 지겨워."

"그래서 네가 뭐라고 말했니?"

"새 게임을 하고 싶지 않으면 모두 집에 가도 된다고 말했어요. 그랬더니 아이들이 집으로 갔어요. 잘 됐어요. 걔들과 노는 게 이제 지겨워. 차라리 TV 보는 게 나아요."

샤론은 아들에게 가르쳐야 할 교훈이 하나 있다는 것을 알았지만 차분히 기회를 엿보기로 했다. "한 시간 안에 엄마가 저녁을 준비할게. 넌 TV를 좀 보고 나서 숙제를 시작하도록 해라." 그녀는 주방으로 걸어가면서 친구를 얻으려면 늘 자기 방식대로 해서는 안 된다는 점을 아들에게 어떻게 가르칠까에 대해 생각했다.

텅 빈 뒤뜰

다음 날 오후에 샤론이 직장에서 돌아왔을 때, 동네 아이들이 뒤뜰에서 놀고 있지 않았다. 집으로 들어가자 스티븐이 바닥에 누워서 TV를 보고 있었다. "오늘 아이들과 안 놀 거니?" "애들이 보이지 않아요. 공원에서 노나 봐요. 나는 그리로 가기 싫어요."

"오늘 밤에 피자를 주문하려고 하는데 어떤 걸로 할까?"

"치즈가 듬뿍 들고 페파로니와 버섯이 섞인 게 좋아요." 스티븐이 말했다.

피자를 먹으면서 샤론은 지혜를 달라고 기도했다. "어제 있었던 일에 대해 얘기를 나누고 싶어." 그녀가 말했다. "아이들에게 했던 말을 다시 말해 보겠니?"

"어젯밤에 말했듯이… 나는 새로운 게임을 하고 싶었어요. 내가 학교에서 배운 거죠. 그러나 걔들은 관심이 없었어요. 아이들은 예전에 하던 걸 원했어요. 난 새 것들이 좋아요. 매일 같은 게임을 하며 놀고 싶진 않아요."

"그래서 아이들에게 뭐라고 말했니?" 엄마가 물었다.

"새 게임을 하고 싶지 않으면 다들 집으로 가도 좋다고 했어요. 만날 하는 게임이 지겹다고도 했죠."

"오늘 학교에서 그 아이들 중 누구라도 보았니?"

"오스틴을 봤어요. 하지만 걔는 나를 못 봤어."

"그러면 오늘 그 아이들 중 누구와도 얘기하지 않았고 오후에 아무도 놀러 오지 않았니?"

"네."

"스티븐, 넌 기분이 좋지 않을 거야. 네가 노는 걸 얼마나 좋아하는지 엄마는 알거든. 네가 새 게임을 해 보고 싶다는 건 이해하지만 걔네들에게 너무 거칠게 말했어."

"나는 아이들이 정말 돌아갈 거라고 생각진 않았어요." 스티븐이 말했다. "아이들이 모두 떠나고 나서야 내가 한 말이 생각난 걸요. 이제 아이들이 우리 집에 절대로 안 오고 그래서 나랑 놀 친구가 하나도 없을까 봐 걱정스러워요." 스티븐의 눈에 눈물이 맺혔다.

샤론의 마음이 무너져 내렸다. 아들을 꼭 껴안아주고 싶었지만 그렇게 해서 문제가 해결되는 게 아님을 알고 있었다. 그래서 이렇게 말했다. "엄마가 한 가지 제안을 하마. 실행하기 쉽지 않을 거야. 엄마는 네가 오스틴과 다른 아이들에게 사과할 필요가 있다고 생각해. 네가 화를 내며 집에 가라고 말한 데 대해 미안하다고 말하거라. 그리고 용서해달라고 부탁하거라."

"하지만 엄마, 걔들은 나를 겁쟁이로 여길 거예요."

"그들이 무슨 생각을 하든 그건 중요하지 않단다. 중요한 것은 네 마음속으로 알고 있는 거야. 너는 화를 내며 그런 말을 했다는 걸 알고 있잖아. 그들이 널 용서할지 난 모르겠어. 또한 그들이 돌아와서 너랑 다시 놀지도 모르겠어. 하지만 네가 사과하지 않는다면 그들이 돌아오지 않을 거라는 건 확실히 알아. 스티븐, 누구나 때로는 화를 낸단다. 그리고 때로는 우리가 나중에 후회할 말을 하기도 해. 그러나 우리가 기꺼이 사과한다면, 대개 사람들은 우리를 용서할 거야. 너도 알다시피 내가 네게 사과한 때도 있고 네가 엄마에게 사과하기도 했잖니. 사과란 매우 성숙한 행동이란다. 힘들긴 하겠지만 넌 충분히 해낼 수 있을 거야."

"알겠어요. 엄마 말이 맞아요. 하지만 너무 힘든 일이에요."

"나도 알아." 샤론이 말했다. "하지만 그러면서 크는 거야. 그건 친구를 사귀는 과정이기도 하단다."

공원으로 향하는 걸음

저녁 식사 후에, 스티븐이 "엄마, 공원에 가서 아이들이 있나 볼래요"라고 말했다.

"그러렴." 샤론이 말했다. "휴대폰을 가지고 가거라. 엄마의 도움이 필요하면 전화해." 아이는 고개를 끄덕이고서 문을 나섰다. 샤론은 다시 기도하기 시작했다. 그녀는 스티븐이 이제껏 한 일들 중 가장 힘든 일을 시도하고 있다는 걸 알았다. 또한 그녀는 아들이 사과할 용기를 갖고 있다면 장차 멋진 남자로 성장할 거라는 사실도 알고 있었다.

한 시간이 지나도 스티븐에게 연락이 없자 샤론은 우유를 사러 가는 척 하면서 공원 곁을 지나갔다. 다행히 스티븐이 오스틴을 비롯한 여러 아이들과 함께 놀고 있었다. 그녀는 안심하고서 집으로 돌아왔다. 그로부터 한 시간 후, 스티븐이 땀에 흠뻑 젖어 집으로 들어왔다. "어떻게 됐어?" 엄마가 물었다.

"멋져요. 정말 멋진 친구들이에요. 아이들은 누구나 화를 낼 때가 있다고 말했고, 그것으로 오케이였죠. 친구들이 함께 놀자고 해서 실컷 놀았죠. 내일 우리 집 뒤뜰에서 놀자고 내가 말했어요."

"잘했구나." 엄마가 말했다. "스티븐, 난 네가 너무 자랑스러워. 걔들은 너 같은 친구를 둬서 행운이야. 엄마도 너 같은 아들이 있어서 행운이란다."

다음 날 오후에, 샤론이 집으로 돌아왔을 때 동네 아이들이 뒤뜰에서 놀고 있었다. 그녀는 안도의 한숨을 쉬면서 하나님께 감사드렸다.

아이들은 친구에게 상처를 준 걸 깨달을 때 솔직하게 사과할 필요가 있다는 것을 배워야 한다. 사과가 우정을 회복시킨다는 점을 일찍 배우는 아이는 인간관계에 관한 중요한 교훈 한 가지를 습득하는 셈이다.

5. 사과의 언어를 말하는 법을 배우게 하라

자녀에게 사과를 가르치는 마지막 단계는 '5가지 사과의 언어'를 말하는 법을 알려주는 것이다. 앞에서 언급한 5가지 사과의 언어들을 되돌아보라. 자녀들로 하여금 5가지 사과의 언어를 알게 할 뿐만 아니라 편안한 마음으로 그것을 말할 수 있도록 하는 것이 목표임을 명심하라. 그것을 유창하게 말하기까지는 시일이 걸릴 것이다. 이는 언어 습득 과정에서의 점진적 단계와 흡사하다. 어린아이는 책, 신발, 발 따위의 특정한 사물들과 연결되는 말부터 배우기 시작한다. 그러고 나서 예, 아니요처럼 개념들과 연결된 말을 배운다. 그 후에는 "같이 가자. 옷을 입자" 같은 문장을 이해하는 법을 배운다. 그리고 "나는 콩을 좋아하지 않아. 놀고 싶어" 같은 문장들도 배운다. 아이가 문법적인 규칙과 복잡한 문장 구조를 배우는 것은 훨씬 후의 일이다. 아이의 어휘와 이해 수준은 시일이 지나면서 높아진다. 아이에게 사과의 언어를 가르치는 과정도 마찬가지다.

두 살짜리 아이가 언니의 머리카락을 잡아당길 때 "미안해"라는 말을 배울 수 있다. 혹은 아이가 컵을 일부러 식탁에서 바닥으로 떨어뜨릴 때 "내가 잘못했어요. 말을 듣지 않아서요"라는 말을 배울 수 있다. 이런 식으로 해서, 아이는 자신의 행동에 대한 책임을 인정하며 유감을 표명하는 법을 가장 간단한 단계부터 배우는 것이다.

세 살짜리 아이가 동생을 계단에서 밀어뜨리고서 울면서 거짓말을 할 때, 아이 엄마는 넘어진 동생을 달랜 후에 형에게 "내가 잘못했어. 미안해"라고 말하라고 가르칠 수 있다. 심지어는 "가서 네 동생에게 붙여줄 밴드를 가져오너라"고 지시할 수도 있다. 밴드를 가지러 달려가면서 그 아이는 보상에 대해 배운다. 또한 아주 어린 나이에 "다시는 그러지 않을게요. 용서해주세요"라는 말도 배울 수 있다. 그럼으로써 아이는 진실한 뉘우침과 용서 요청에 대해 배운다.

다른 사람에게 해를 끼칠 때 왜 사과해야 하는지에 대한 이해 수준은 아이의 나이와 함께 높아질 것이다. 여섯 살인 아이의 사과는 훨씬 더 의미가 있을 것이다. 왜냐하면 옳고 그름에 대한 이해 수준이 더 깊어졌기 때문이다. 우리가 잘못을 범하면 상대방에게 상처를 준다. 그리고 우리가 사과하면 상대방의 기분이 한결 좋아질 것이다. 우리는 그의 용서를 받기를 그리고 친구 관계가 지속되길 바란다.

모범의 힘

성인이 된 자녀에게 사과의 언어를 가르치는 가장 강력한 방법은 부모인 우리가 모범을 보일 때이다. 부모가 자신의 심한 말이나 부당한 대우에 대해 자녀에게 사과할 때, 가장 효과적인 가르침이 진행되고 있는 셈이다. 어린 자녀는 부모가 말하는 것을 한다. 성인이 된 자녀는 부모가 행하는 것을 한다.

"나는 자녀가 나에 대한 존경심을 잃을까봐 사과하고 싶지 않다"라고 말하는 부모는 심한 착각에 빠져 있는 것이다. 사실은, 자녀에게 진지하게 사과하는 부모는 자녀의 존경심을 고조시킨다. 아이는 부모의 행동이 잘못이었음을 알고 있다. 그 잘못으로 인해 부모와 자녀 사이에 장벽이 형성되었다. 이때 부모가 사과하면 대개 아이는 기꺼이 용서하며 장벽은 제거된다. 종종 가장 흐뭇한 순간들은 바로 자녀에게 사과할 때이다.

자녀에게 사과의 언어를 가르치기 위한 또 다른 강력한 방법은 부모가 다른 사람들에게 사과한 내용을 자녀에게 알려주는 것이다. 내게 이렇게 말했던 한 아버지가 기억난다.

"내가 직장 동료와 심한 언쟁을 벌였어요. 그 과정에서 나는 화가 나서 그를 후려쳤고 심한 말을 했죠. 그날 밤에 집으로 돌아갔을 때 나는 무척 괴로웠어요. 무모하게 감정을 폭발시켰음을 깨달았죠. 그 일을 아내에게 말했고, 다음 날 사과할 수 있는 용기를 갖게 해달라고 기도를 부탁했어요. 아내는 기도했고 나도 기도했어요.

그 주간의 금요일 저녁에 열린 가족회의에서 나는 분노를 폭발시켰던 것과 나중에 사과했던 일을 두 자녀에게 얘기했답니다. 내 얘기가 끝나자, 열 살난 아들이 나를 바라보며 말했어요. '아빠, 난 아빠가 자랑스러워요. 대부분의 사람들은 좀처럼 사과하지 않거든요.'

'고맙다, 조나단.' 내가 말했어요. '사과하기가 솔직히 정말 힘들었단다. 그러나 그게 옳은 일이라고 생각해.' 후에, 아내와 나는 그 일을 아이들에게 해준 게 정말 잘한 일이라고 서로 얘기했답니다. 그것이 아이들에게 매우 긍정적인 영향을 미쳤다는 데 둘 다 동감했죠." 나는 모든 아버지들이 이 사람의 본을 따르는 지혜와 용기를 지녔으면 한다.

부모가 서로에게, 자녀에게 그리고 다른 이들에게 사과하는 법을 배운다면, 자녀도 사과의 언어를 말하는 법을 배울 것이다. 만일 우리가 사과 관행을 새롭게 확산시킨다면 우리 문화에 미치는 영향이 상당할 것이다.

인상적인 한마디!
"자녀를 위해 할애하는 가장 좋은 것은 당신의 시간이다." _루이스 하트

chapter

데이트 관계에서 사과하기

린제이는 23세로, 9개월간 데이트해 왔던 잭과 헤어졌다. "내가 관계를 청산한 것은 그가 중요한 일이 있을 때 여러 차례 지각했고 아예 나타나지도 않았기 때문이에요. 그를 기다리며 앉아 있느라고 내 삶을 허비할 수는 없죠. 함께 있을 때는 그가 무척이나 재미있어요. 하지만 그게 중요한 게 아니죠." 분명 둘의 관계는 린제이에게 기쁨보다는 실망을 더 많이 안겨준다. 그래서 그녀는 새 친구를 찾아 나섰다.

많은 커플들이 데이트 중에 깨닫지 못하고 거의 논의하지도 않는 것은 사과가 건강한 관계를 나타내는 표시라는 사실이다. 건강한 관계에서는 상처를 준 사람이 진지하게 사과한다. 하지만 건강하지 못한 관계에서는 가해자가 사과하지 않거나 적절하지 않은 방법으로 사과함으로써 장벽을 만들게 된다.

린제이가 잭과 결별한 것은, 그의 사과가 "미안해. 사무실에서 붙들렸어." 또는 "미안해. 교통이 너무 혼잡했어"와 같은 어설픈 핑계였기 때문이다. 그녀의 주요 사과의 언어는 '진실한 뉘우침'이었는데 말이다.

더 이상 고통당할 수 없어요

데이트 관계에서 5가지 사과의 언어를 배우고 말하는 것이 왜 중요할까? 첫째, 그것은 우리의 불완전한 인간성 문제를 효과적으로 처리하기 위한 유일한 방법이기 때문이다. 데이트 기간이 길어지다 보면, 파트너에게 상처주는 언행을 하는 경우가 생길 것이다. 이 점에 있어서는 그 누구도 예외가 아니다. 진실한 사과는 이 같은 과실을 처리하는 최선의 방법이다. 해결되지 않은 과실은 종종 데이트 관계를 끝장나게 만든다.

채드와 니나는 데이트 2년째였고, 어느 날 니나가 "채드, 이제 우리가 각자의 길을 갈 때인 것 같아. 우리의 관계는 더 이상 지속될 수 없을 정도로 고통스러워졌어"라고 말했다.

다음 주에, 나는 한 소프트볼 경기장에서 채드를 보았다. 다소 풀 죽은 모습이었다. "어떻게 지내요?" 하고 내가 물었다.

"그저 그래요. 니나가 지난주에 절교를 선언했어요."

"니나가 왜 그랬을까요?"

"그 친구 얘기로는 내가 결코 사과하지 않으며, 사과하려 할 때에도 그녀에게 비난을 전가한대요."

"니나가 구체적인 사례들을 제시하던가요?"

"얼마 전에 무슨 일이 있었어요. 내 생각에 그게 결정적으로 작용한 것 같아요. 나는 몹시 화가 났고 그녀의 어머니를 끼어들게 하지 말라고 말했죠. 아마 내 목소리가 좀 컸나 봐요. 왜 소리를 지르느냐며 그녀가 따졌을 때, 나는 '네 어머니를 끼어들게 하지 않았다면 내가 소리지르지 않았을 거야'라고 말했어요. 나는 그게 그녀를 비난한 거라고 보지 않아요. 사실을 말했을 뿐이니까요."

내가 보기에 채드는 사과하는 법을 많이 배워야 할 사람이었다. 나는 채드와 니나를 상담차 두 차례 만났다. 채드는 뭔가를 깨닫기 시작했지만, 니나는 관계 지속을 원하지 않았다. "매사에 나를 비난하며 자신의 행동에 대해 변명을 둘러대는 남자와 함께 지낼 순 없어요. 이 문제를 놓고 우리가 여러 차례 얘기를 나눴지만, 그는 변하려는 노력을 전혀 하지 않았어요. 그가 변한다면 다행이죠. 그러면 다른 여자와 사귈 수 있을 겁니다. 하지만 나는 더 이상 고통당할 수 없어요." 이처럼 관계가 중단된 원인은 채드가 사과할 줄을 몰랐기 때문이다.

전달 과정에서 사라짐

5가지 사과의 언어를 배우고 논의할 필요가 있는 두 번째 이유는, 그것들이 효과적인 사과에서 요구되는 통찰력을 제공하기 때문이다. 당신이 진지하게 "미안해"라고 말하지만 파트너가 "내가 잘못했어"라는 말을 기다리고 있다면, 당신의 진실성은 전달 과정에서 사라진다. 이 경우에 효과적인 사과가 이뤄지기 위해서는 '책임인정'이라는 사과의 언어가 필요하다. 많은 사람들은 자신이 진실하게 사과하고 있다고 믿지만 그 진실성이 상대방에게 정서적으로 전달되지 않는다.

적색 경고에 유의하라

사과의 언어를 이해하는 것이 그토록 중요한 세 번째 이유는, 상대방의 사과의 언어는 그와 결혼했을 때의 삶이 어떠할지를 알려주기 때문이다. 진실한 사과를 기피하거나 이해하지 못하는 사람은 결혼생활에서도 문제를 일으킬 수 있다. 잔과 루카스의 경우가 그랬다.

결혼 첫 해의 막바지에, 벌써 잔은 헤어질 계획을 세우고 있었다. 그녀가 보기에 루카스는 직업에 온통 사로잡혀 있었고 그녀를 위한 시간을 거의 할애하지 않았다. "그에게서 이런 전화를 받는 게 가장 끔찍해요. '사무실 일이 너무 바빠. 이것을 마무리하려면 두세 시간이 더 필요하니 당신 먼저 그 오두막집으로 가 있는 게 어때? 나는 오늘 밤 늦게 그리로 갈게.' 그게 결혼기념일 외출이었어요! 그에게는 나보다 일이 훨씬 더 중요하다는 걸 그때 알게 됐죠."

나는 그들의 결혼 첫 해를 좀 더 자세히 조사해 본 결과, 루카스가 결혼생활보다 자신의 일을 우선시하는 경우들이 많았음을 파악했다. 적어도 잔의 눈에는 그렇게 보였다. "그가 이 문제로 사과한 적이 있나요?" 하고 내가 물었다.

"없어요. 그는 늘 변명을 늘어놓고서, 다음 날에는 내게 장미를 보내죠. 나는 그의 장미가 싫어요. 지난번에는 배달원에게 장미를 옆집에 갖다주라고 했어요. 그 장미를 다른 사람이 즐기는 게 더 좋을 거라는 생각이 들었죠."

나는 결혼 전 데이트할 때는 어땠는지를 물어 보았다. 그들은 대학 시절에 2년간 데이트했었고 졸업 2주 후에 결혼했다. "데이트할 때, 혹시 그의 공부가 둘 사이에 끼어든다는 느낌을 받지 않았나요?"

"사실 공부보다는 교내 체육 행사들이었어요. 그는 스포츠클럽의 회장이었고, 스포츠가 그의 가장 큰 관심사였죠. 2주간 서로 한 번도 못 볼 때도 있었어요. 그가 내게 안부 전화를 해주곤 했죠. 처음에는 대수롭지 않았지만, 나중에 나는 그의 우선순위에서 내가 두 번째나 세 번째라고 느끼기 시작했어요. 4학년 때 우린 그 문제로 많이 다퉜답니다."

"그가 자신의 행동에 대해 사과한 적이 있나요?"

"가만히 생각해 보면 그는 결코 사과한 적이 없어요. 그는 늘상 '결혼하면 다 만회해줄게'라고 말하곤 했죠. 나는 그를 믿었고 빨리 결혼하기만을 기다렸어요. 내 생각에 그는 전혀 변하지 않았어요. 그는 전에 클럽활동에 푹 빠져 있었다면 이제는 일에 빠져 있죠."

잔은 반짝하는 불빛을 본 듯한 표정을 지었다. 훗날 그녀는 내게 얘기하기를, 그의 대학 시절 행동과 결혼 후의 행동을 연관시켜 본 적이 한 번도 없었다고 했다. 루카스는 결코 사과할 줄 모르는 아버지 밑에서 자랐다. 그의 아버지는 매우 성공적인 사업가였고 루카스는 아버지의 본을 따르려 했다. 문제는 그가 결코 사과할 줄 모르는 본도 따랐다는 것이다.

다행히도 상담을 통해 루카스는 이 같은 관계상의 취약성을 깨닫고 고칠 수 있었다. 진실한 사과를 준비하면서 그는 자신의 우선순위를 보다 면밀히 살펴보았다. 자신의 '일중독'에서 벗어나기 시작했으며 잔과 함께 결혼생활을 튼튼히 세우기 위해 부단히 노력했다.

대부분의 사람들은 결혼 후에 행동 패턴을 전격적으로 바꾸진 않는다. 그들은 결혼 전의 패턴을 계속 따를 뿐이다. 그들이 결혼 전에 진실하게 사과한다면 결혼 후에도 그럴 것이다. 반면에 결혼 전에 그러지 않는다면 결혼 후에 사과할 거라고 기대하지 말라.

적색 경고에 대처하기

사과의 가치를 이해하는 독신자는 데이트하는 중에 종종 사과를 논의 주제로 삼을 것이다. 데이트 중에 서로의 사과의 언어를 얼마나 많이 배우는가에 따라 결혼 후에 과실을 처리하는 방식이 결정될 것이다. 결혼 전에 아무런 진전이 없다면, 이는 "아직 결혼할 때가 아니에요"라는 적색 경고로 간주되어야 한다.

아래에 소개되는 커플들은 데이트 중에 사과를 중요한 문제로 다룸으로써 엄청난 유익을 얻었다.

나는 줄곧 다른 곳을 찾아나서야 했어요

샌디는 변덕스러우며 종종 부정적인 태도로 인해 멋진 저녁을 망가뜨렸다. 수프가 너무 뜨겁다느니, 샐러드가 너무 시들었다느니, 혹은 스테이크가 너무 질기다느니 하면서 근사한 레스토랑으로 안내한 라이언의 심기를 불편하게 했다. "처음에는 한 달 중 유달리 민감한 날인가 보다 하고 생각했죠. 그러다가 나는 한 달 중 어느 날인지 혹은 어느 곳인지가 중요한 게 아님을 깨달았어요. 그녀는 항상 불평거리를 찾아냈죠. 나는 줄곧 다른 곳을 찾아 나서야 했어요. 그래서 내가 샌디에게 우리가 각자의 길로 가는 게 최선일 거라고 했어요. 그녀는 그 이유를 물었고 그래서 말해 주었죠. 나는 더 이상 잃을 게 없었고 그녀에게도 도움이 될 거라고 판단했어요."

이어서 라이언은 그 다음에 일어난 일을 내게 알려주었다. "나는 그런 사과를 들어 본 적이 없었어요. 당시에, 나는 5가지 사과의 언어에 대해 전혀 몰랐어요. 하지만 그녀는 그 5가지 모두를 사용했어요.

나는 그녀의 진실성을 느꼈고 그래서 상담가를 만나 보겠느냐고 물었어요. 그녀는 동의하고 상담 예약을 했어요. 그것은 실제적인 변화의 시작이었죠. 6개월 만에 그녀는 전혀 다른 사람처럼 변했답니다. 그게 1년 전 일이었고, 지금 우리는 결혼 가능성에 대해 얘기하고 있어요. 그녀는 훌륭한 사람이에요. 그녀가 긍정적인 자세를 배움에 따라, 우리는 근사한 시간을 함께 보내고 있어요."

샌디의 경우에, 진실한 뉘우침은 상담자를 만남을 뜻했다. 그들의 관계를 구한 것은 상담이라고 말하는 사람들도 있을 것이다. 하지만 라이언의 애정 어린 지적과 뒤이은 샌디의 진실한 사과가 없었다면, 상담이 시작되지 않았을 것이다. 사과가 용서의 문을 열었고, 상담을 통해 성장이 이루어졌다.

우리 모두가 과정 속에 있다. 우리 모두가 연약한 부분을 지니고 있다. 자신의 그릇된 행동에 대해 사과하고 기꺼이 변화의 단계를 밟을 때, 우리는 관계를 지속, 발전시킬 수 있다.

'해결사'를 위한 해결책

제이크와 니키는 2년째 데이트를 해 왔다. "우리는 서서히 출발했답니다." 제이크가 말했다. "첫 해에는, 데이트한다고 말할 수 있을지 모를 정도로 그저 그렇게 지냈어요. 이따금 함께 저녁을 먹고 테니스를 쳤죠. 둘 다 테니스를 좋아해요. 그러던 어느 날 밤에, 니키에게 키스하고 싶은 강한 충동을 느꼈어요. '키스해도 돼요?' 하고 내가 묻자, 그녀는 '해도 돼요'라고 대답했어요. 그날 밤 이후로 우리는 확실히 데이트를 한 셈이에요.

6개월 정도는 잘 지냈어요. 그러다 나는 그녀의 잦은 지적에 주목하기 시작했어요. 내가 그녀를 어린아이 다루듯 한다는 거였죠. 무슨 말인지 몰라서 그녀에게 설명을 부탁했어요. 그녀가 이렇게 말했어요. '일 문제를 의논할 때, 당신은 거의 항상 내게 일방적으로 지시하는 투로 말해요. 다음 날에는 당신이 말한 대로 했는지를 내게 물어 보죠. 난 그런 게 싫어요! 해야 할 일을 내게 알려주고 또 그대로 했는지를 점검하는 당신의 모습이 마치 우리 아버지 같아요.'

솔직히 말해서, 니키의 대답을 듣고서 깜짝 놀랐어요. 내게서 그런 느낌을 받고 있는 줄은 전혀 몰랐죠. 나는 단지 도와주려고 애를 썼을 뿐인데. 나는 몇몇 책들을 읽기 시작했고, 나 같은 사람들이 많다는 걸 알게 되었어요. 어떤 책은 나 같은 사람을 가리켜 '해결사'라고 불렀어요. 문제를 말하기만 하면 해결해주는 사람이라는 거죠. 솔직히 나는 그녀가 내게 문제를 털어놓은 것은 해결을 원해서였다고 생각했어요. 그녀가 원했던 건 해답이 아니라 공감이었음을 이제 나는 이해합니다. 그래서 나는 이렇게 말하는 법을 배웠어요. '그것 때문에 당신이 얼마나 낭패스러운지 난 알아요. 내가 당신 입장이라도 똑같은 기분일 거예요.' 그녀가 조언을 요청하지 않는 한 나는 결코 조언하지 않아요."

"맞아요." 니키가 말했다. "제이크는 정말 변했어요. 그가 사과했던 날 밤을 나는 결코 잊지 못할 거예요. 그 문제로 내가 그에게 따진 지 약 일주일 후였죠. 아마 그는 모든 것을 차분히 점검하는 시간을 가졌을 거예요. 그는 이렇게 시작했죠. '미안해. 나는 그동안 내가 무슨 일을 하고 있었는지 몰랐어요. 솔직히 나는 도움을 주려고 했어요. 하지만 이제 내가 잘못했다는 걸 알았어요. 내 행동이 우리의 관계에 해가 되었어요. 정말 후회스러워요.' 그러고서 그는, 내가 일이나 다른 어떤 문제로 의논할 때 무엇을 원하는지를 내게 물었답니다. 흔쾌히 자신의 입장을 바꾸며 내 의견을 묻는 그의 모습이 정말 감명 깊었답니다. 그의 사과는 너무나 진실했어요."

"그건 내게 큰 교훈이었어요." 제이크가 말했다. "전에는 이런 생각을 전혀 못했어요. 지금은 이해되지만, 그때에는 무슨 일이 일어나고 있는지를 몰랐죠. 단념하지 않고 내게 또 다른 기회를 준 니키에게 감사해요. 내가 그녀를 더 잘 이해하기 때문에 우리 관계가 훨씬 더 가까워진 것 같아요. 사실, 지금은 그녀가 가끔씩 내 조언을 구하기도 해요. 그러면 대개 나는 답을 제시하기 전에 미소를 지으면서, '정말 내 조언을 듣고 싶은 거요?' 라고 묻는답니다."

나중에 나는 니키의 주요 사과의 언어가 진실한 뉘우침이고 두 번째 사과의 언어가 책임 인정임을 알게 되었다. 제이크가 "잘못을 저질러 미안해요. 앞으로 달라지려면 어떻게 해야 하지?"라고 말했을 때, 그는 분명히 니키의 사과의 언어를 사용했던 셈이다. 니키는 그의 사과가 매우 진실함을 알았으므로 진심으로 용서할 수 있었다.

사과할 줄 안다는 것은 모든 관계들을 보다 진실하게 만들어줄 삶의 기술이다. 데이트는 성장의 기간이어야 한다. 데이트 관계에서, 서로의 사과의 언어를 배우고 그것을 유창하게 말하는 것보다 더 중요한 것도 드물다.

chapter 13
일터에서 사과하기

나는 은행에서 내 순서를 기다리고 있었다. 대략 90초 정도 기다렸을 뿐이지만, 은행원은 미소를 지으며 "기다리시게 해서 죄송합니다"라고 말했다.

"괜찮아요." 내가 처리할 사항을 그녀에게 넘기면서 말했다. 일을 끝낸 그녀가 "다른 일은 없으세요?" 하고 물었다.

"예, 없어요."

그러자 다시 미소를 지으며 "좋은 오후 되세요"라고 덧붙였다.

"고마워요"라고 내가 말하자 "손님도요"라고 그녀가 대답했다.

은행에서 나와 우체국으로 차를 몰았고, 거기서 13분간 줄을 섰다. 내 차례가 되어 카운트로 갔을 때, 우체국 직원은 아무 말도 하지 않았다. "제1종 우편물로 보내줘요"라고 내가 말했다.

여전히 아무 말도 없이 우편 요금을 계산했다. "60센트요." 그녀가 말했다. 나는 5달러를 건넸고 그녀는 영수증과 함께 돈을 거슬러주었다.

나는 "감사합니다" 말하며 밖으로 나갔다.

사무실로 차를 몰면서, 나는 조금 전에 만났던 두 사람을 생각해 보았다. 은행에서는 흥겹고 정다웠던 반면에 우체국에서는 사람보다는 기계와 만나는 듯한 느낌이었다. '왜 그처럼 다르게 느껴졌을까?' 하고 나 스스로에게 물었다. 아마도 은행원은 사과로써 말을 시작했던 반면에 우체국 직원은 아무런 사과도 하지 않았기 때문이었을 것이다.

얼마 후에 나는 지난 10년간 내가 그 두 곳을 몇 차례나 들렀는지를 생각해 보았다. 두 곳에서 받는 응대가 매번 똑같았음을 알게 되었다. 내가 줄을 서서 기다렸을 때, 은행원은 "기다리시게 해서 죄송합니다"라고 말했다. 그러나 우체국에서는 은행에서보다 훨씬 더 오래 기다렸는데도 그런 말을 결코 들을 수 없었다.

성공적인 회사들이 알고 있는 것

내가 보기에, 은행원은 사과하는 훈련을 받은 반면에 우체국 직원은 그러지 못했다. 그 결과, 고객인 나는 은행에 가는 게 훨씬 좋았다. 어떤 이들은 은행원의 사과가 형식적이며 가식적이라고 주장한다. 아마 그것이 사실이겠지만, 나는 기다리게 해서 미안하다고 사과하는 사람이 늘 고마웠다.

성공적인 회사들은 사과의 힘을 잘 이해하고 있다. 그들은 대부분 '언제나 고객이 옳다'는 철학에 동의한다. 대개 이것은 종업원이 불평하는 고객에게 사과하도록 훈련받음을 의미한다.

고객 섬기기

몇 주 전에 나는 저녁을 먹으러 한 피자 레스토랑에 갔다. 식사 후에 지배인과 얘기를 나누었다. "고객들이 서비스나 음식에 대해 화를 내거나 불평할 때 당신은 어떻게 하나요?"라고 묻자 그는 주저하지 않고 "고객이 결정권the last word을 갖죠"라고 대답했다.

"그게 무슨 말이죠?"

그는 종이 위에 다음과 같은 단어들을 적었다.

경청하라   Listen
사과하라   Apologize
관심을 보이라   Show concern
고객에게 감사하라   Thank the customer

"그게 우리 정책입니다." 지배인이 말했다. "우리는 고객의 불평에 귀 기울여요. 사과합니다. 우리의 서비스에 조금이라도 문제가 있으면 진지한 관심을 보이려고 노력해요. 그리고 지적해주신 고객에게 감사드려요."

"그렇게 하면 효과가 좋은가요?"

"지금까지는 아주 좋아요. 다행히도 불평이 그리 많진 않아요."

"맞아요. 나 역시 불평할 게 없어요. 음식도 맛있고 서비스도 최고인걸요."

"고맙습니다. 그게 우리 목표랍니다."

"사실 지난 2년 동안 사과에 관해 좀 연구해 왔어요. 내가 배운 것을 좀 알려드릴까요?"라고 내가 말을 이었다.

"그렇게 해주시면 고맙죠." 그가 대답했다.

그가 기분 상한 고객들을 대하는 법을 글로 적었기 때문에 나는 5가지 사과의 언어들을 알려줘야겠다고 생각했다. 그래서 다음과 같이 적었다.

미안해 – 유감 표명

내가 잘못했어 – 책임 인정

어떻게 하면 좋을까? – 보상

다신 안 그럴게 – 진실한 뉘우침

날 용서해줄래? – 용서 요청

나는 사람들 각자가 나름대로의 사과의 언어를 가지고 있음을, 상대방의 사과의 언어로 말하지 않는다면 사과가 제대로 받아들여지지 않음을, 그리고 사과를 해도 고객이 계속 화를 내며 아예 발길을 끊어 버리는 경우가 있는 것도 바로 그 때문임을 연구를 통해 알아냈다고 설명했다. "당신은 이런 경험을 해 본 적이 있나요?" 하고 내가 물었다.

엎질러진 탄산음료

"약 3주 전에 두 명의 부인들이 저녁을 먹으러 왔어요. 그런데 우리 웨이트리스가 한 부인에게 실수로 탄산음료를 엎질렀어요. 그녀는 곧바로 사과한 후, 종이 수건을 가져다주고 테이블을 닦은 후에 그 손님들을 다른 테이블로 안내했죠. 웨이트리스는 그 일을 내게 알려주었고 나는 얼른 가서 괜찮으시냐며 물었어요.

그녀가 이렇게 말했어요. '괜찮긴요. 저녁 식사를 계속하기 전에 집에 가서 옷을 갈아입어야겠어요. 이런 꼴을 보려고 여기 온 게 아닌데, 이거 원.' 그녀는 여전히 매우 화난 상태였어요. 그래서 나는 마지막 방법을 동원했죠."

"어떻게 했는데요?"

"나는 부인의 얘기를 가만히 들었어요. 음료수를 그녀의 블라우스와 스커트에 웨이트리스가 어떻게 엎질렀는지, 그 느낌이 얼마나 차갑고 끈적거리는지에 대한 푸념이었죠. 나는 그녀에게 이렇게 말했어요. '그런 일이 일어나서 정말 미안해요. 우린 고객들에게 그런 실수를 하지 않길 원해요. 세탁비를 지불하고 이 식사비도 받지 않도록 하겠습니다. 불편을 끼쳐 드려 죄송해요. 우린 정말 이런 일이 일어나는 걸 원치 않아요.'

그러자 그 부인은 '웨이트리스가 서둘지만 않았어도 이런 일이 생기지 않았겠죠'라고 말했어요.

'다른 웨이트리스를 보내도록 할게요.' 그 자리를 떠나면서 내가 말했어요. 하지만 그 부인은 레스토랑 문을 나서면서 정말 기분이 고약하다고, 이럴 줄 알았으면 애당초 여기를 오지 말았어야 했다고 말했어요. 다른 고객들에게 그 말이 들릴 것 같아서 조마조마했지만 달리 어떻게 할 수가 없었죠."

"5가지 사과의 언어들 중 당신이 사용한 게 무엇인지 생각해 봅시다." 내가 말했다. "'그런 일이 일어나서 정말 미안해요'라고 말한 건 유감 표명이었어요. 당신이나 그 웨이트리스가 책임을 인정했는지 난 모르겠어요. '내가 잘못했어요. 그건 내 잘못입니다'라는 말은 내가 듣지 못했으니까요. 하지만 당신은 세탁비를 지불하고 음식 값을 받지 않았으니까 보상을 해준 셈이네요. 내가 듣기에 진실한 뉘우침은 없었던 것 같군요. 앞으로 그런 일이 다시는 일어나지 않게 하겠다는 다짐을 피력하진 않았죠. 또한 용서해달라는 부탁도 하지 않았고요. 따라서 당신은 5가지 사과의 언어들 중 두 가지를 말했던 것 같아요."

"분명 그 부인의 사과의 언어는 다른 세 가지에 포함되었을 거예요." 내가 말을 계속했다. "당신이 그녀의 사과의 언어로 말했더라면, 그녀가 당신의 사과를 받아들이고 용서도 피력했을 겁니다."

"듣고 보니 정말 흥미로운 개념이군요." 그가 말했다. "그 점에 대해 생각해 봐야겠어요."

6주 후에, 나는 또다시 그 피자 레스토랑을 들렀다. 지배인이 내게 와서 앉았다. "내가 우리 직원들 모두에게 5가지 사과의 언어를 가르쳤어요. 다음번에 문제가 생길 때를 위해 우린 준비가 되어 있답니다. 우리는 5가지 사과의 언어들을 모두 사용할 거예요."

"좋죠." 내가 말했다. "그러면 상대방의 주요 사과의 언어를 말하게 될 게 뻔하죠. 분명 그의 반응이 달라질 겁니다."

LEARN 원리

지난 2년 동안, 나는 수많은 피고용인들에게 이렇게 물어 보았다. "귀 사에서는 성난 고객들을 대하는 법에 관한 방침을 마련하고 있나요?" 거의 예외 없이 대답은 '그렇다' 였다. 어떤 회사에서는 그 정책이 애매 하지만, 고객의 불평에 귀기울이며 적극적인 방법으로 반응하려는 노력 을 어느 정도 보여준다. 그런가 하면, 그 정책을 분명하고도 구체적으로 정해 둔 회사들도 있다.

지혜로운 회사들은 '일을 바로잡을 때' 활용할 수 있는 일관되고 구 체적인 계획들을 마련하고 있다. 최근에 나는 댈러스의 한 호텔에서 하 룻밤을 묵었다. 나는 프런트를 맡은 젊은이에게 이렇게 물었다. "이 호 텔에는 성난 고객들에 대처하는 방침이 있나요?" 물론, 내가 화난 것이 아니라 화를 내는 고객에 대해 조사하고 있음을 밝혔다.

그의 대답은 매우 분명했다. "우리의 방침은 LEARN의 머릿글자에 유 의하는 거예요." 그 내용은 이랬다.

L — Listen_경청하라. 고객의 불평을 들으라.
E — Empathize_공감하라. 고객으로 하여금 그를 화나게 한 이유를 당신이 이해하고 있음을 알게 하라.

- **A** — Apologize_사과하라.
- **R** — Respond and react_책임감 있게 반응하라. 일을 바로잡으려고 노력하라.
- **N** — Notify_통지하라. 어떤 조치가 취해졌는지를 나중에 고객에게 알려주라.[17]

이 종업원은 훈련을 잘 받은 게 분명했다.

의사가 사과할 때

연구 자료에 의하면, 최근에 많은 직업들에서 점점 더 사과가 중시되고 있다고 한다. 의료 분야도 예외가 아니다. 과거에는, 의사들이 마치 신과 같은 존재로 여겨졌다. 그들의 결정에 대해서는 의문의 여지가 거의 없었다. 오늘날에는, 자신의 판단이나 행동에 실책이 있을 경우에 환자들에게 사과하는 걸 중시하는 의사들이 점점 더 많아지고 있다. 이 같은 추세는, 부분적으로 의료 사고에 관한 최근의 여러 증거들에 의해 자극되어 왔다. 의료 연구소 The Institute of Medicine에서 1999년에 보도한 바에 의하면, "병원에서 의료 사고로 죽는 사람들이 연간 98,000명에 달한다."[18]

줄어든 소송 사건들

미시간 대학 병원에서는 2002년 이후로 의사들로 하여금 자신의 과실에 대해 사과하도록 권면해 왔다. 그 결과, 전직 변호사인 릭 부스먼에 의하면, 병원측의 변호사 사례비가 연간 300만 달러에서 100만 달러로 감소되었고, 의료 과실에 대한 소송 사건들도 262건(2001년)에서 130건(2002년)으로 줄어들었다.[19]

환자들은 그런 사과에 대해 매우 긍정적인 반응을 보인다. 세 아이의 엄마인 린다 케니는 7년 전에 마취가 잘못되어 죽을 뻔했다. "남편은 고소할 생각이었어요." 그녀가 취재 기자에게 말했다. "그는 과실을 범한 사람을 꼭 처벌하길 원했어요." 하지만 담당 마취 전문의가 그녀에게 편지를 보냈다. 큰 슬픔과 뉘우침을 담은 편지였다. 릭 반 펠트 박사는, "당신이 통화를 원할 때마다 이쪽으로 전화를 주세요. 이것은 집 전화번호와 호출기 번호예요"라고 썼다.

처음에 그녀는 그 의사가 단지 자신을 방어하려 하는 걸로 생각했다. 하지만 그게 아니었다. "릭은 위험한 처지를 자초했어요. 나를 만나러 우리 고향으로 찾아 왔죠. ⋯내 앞에서 자신의 취약점을 모조리 드러냈어요. 그는 사과했을 뿐만 아니라 그 사건이 자신과 그의 가족과 내게 얼마나 큰 아픔을 주었는지에 대해서도 토로했어요."[20]

린다 케니는 그 사과의 진실성을 보았고, 나중에 기소 계획을 포기했다. 그 후에 반 펠트 박사는 그녀와 함께 한 단체를 조직했다. 수술을 비롯한 의료 과정에서 실책을 범한 이들로 하여금 그 여파에 대처하도록

도와주는 단체였다.[21]

그는 별로 신경 쓰지도 않았죠

콜로라도의 외과 의사인 마이클 우즈가 맹장 수술을 지켜보고 있는 중에 한 의학생이 실수로 환자의 동맥을 찌르고 말았다. 맹장은 성공적으로 제거되었지만, 수술이 복잡해졌다. 환자는 우즈의 사후 처리를 못마땅하게 여겼고 그래서 그를 의료 과실로 고소했다. 우즈는 변호사가 일러주는 전통적인 방법으로 대처했다―환자와는 아무런 접촉도 시도하지 않았다.

법정에서, 고소를 선택한 이유를 묻는 질문을 받았을 때 그 환자는 "의사가 내게 일어난 일이 대수롭지 않은 것처럼 행동했기 때문입니다. 그는 별로 신경 쓰지도 않았죠"라고 말했다.

후에 우즈 박사가 말했다. "그 말이 마치 용광로에서 나오는 열기처럼 나를 강타했어요. 그날 법정에서 나를 비참하게 했던 건 판결 결과가 아니라 나의 무관심에 대한 그녀의 지적이었어요. 내 행동이 그녀로 하여금 냉담함을 느끼게 한 거죠. 나를 법정에 서게 한 건 의료 과실이 아니라 바로 그 냉담한 태도였어요."[22] 우즈는 자신이 진실한 사과를 하지 못했기 때문에 고소당했음을 깨달았다.

『치유하는 말: 사과의 치료 능력』이라는 책에서, 우즈 박사는 이렇게 덧붙인다. "사업 세계에서 습득한 진리를 의료계에서도 발견하고 포용해야 한다. 사과는 구매자(환자)에게나 판매자(의사)에게 있어서 돈이나 옳고 그룹에 관한 문제가 아니다. 그것은 판매자가 구매자에게 존중과 공감을 보이며 구매자의 만족을 위해 노력하겠다는 의지를 피력하는 일에 관한 것이다. 그리고 그 사과를 받는 자로 하여금 판매자 역시 잘못을 범할 수 있는 존재로서 용서받을 만한 사람이라는 것을 인정하게 하는 일에 관한 것이다."[23]

의사들이 자신의 과실에 대해 사과할 때, 그 결과는 매우 만족스럽다. 너무 만족스러워서, 한 보험 회사는 보험에 가입한 의사들과 함께 적극적으로 사과에 앞장서는 입장을 취하고 있다.[24]

동료 직원들에게 사과할 필요성

많은 회사들이 고객에 대한 사과의 가치를 깨닫고 있는 반면에 직원들 상호 간에 대한 사과의 가치에 관해 교육하려고 노력하는 회사들은 극히 드문 것 같다. 또한 우리는 동료 직원들끼리의 효과적인 사과법을 훈련 프로그램의 일부로서 강조하는 회사를 단 한 곳도 찾지 못했다.

성인으로서, 우리 중 상당수는 고용된 일터에서 가장 많은 시간을 보낸다. 북미의 표준 근로 시간은 하루 여덟 시간이지만, 열 시간이나 그 이상을 일터에서 보내는 이들도 많다. 잠자는 시간을 빼면 우리는 가족보다는 직장 동료들과 함께 더 많은 시간을 보낸다.

우리는 직장 동료들과 관계를 맺고 있다. 그것은 직업의 특성과 우리의 선택에 따라 그저 그럴 수도 있고 가까울 수도 있다. 일 관계에서는, 인정과 격려를 피력할 수 있는가 하면, 감정을 상하게 하거나 분노와 긴장감을 야기할 수도 있다. 우리 중 대부분은 우호적이고 협력적이며 긍정적인 환경에서 일하는 걸 더 좋아한다. 하지만, 우리 중 대부분은 동료 직원들과 사이가 나빠질 때도 있다. 그런 경우에는, 사과의 가치를 이해하는 것이 매우 중요하다.

직장에서 사과에 대한 관심이 높아지는가 하면, 사과가 그리 쉬운 것은 아니라는 자각도 늘어나고 있다. 대부분의 사람들은 사과의 의미에 대해 제한된 개념을 지니고 있다. "내가 사과할게요", "미안해요", "내가 잘못했어요", "당신에게 상처를 주어서 미안해요", "내 말로 인해 상처받게 해서 죄송해요." 이는 흔히들 사과로 여기는 말들이다.

일터를 위한 계획

당신이 일터의 관리인이나 지배인이라면, 직원들의 주요 사과의 언어를 서로 나누게 하라. 그러면 얼마나 근사한 일터가 되겠는가! 이것은 내가 피자 레스토랑 지배인에게 말해주었던 사항이며, 그는 나중에 직원들 모두가 그렇게 하게 했다. 그는 그날 밤, 5가지 사과의 언어들을 모두 사용하여 한 여직원에게 사과했고, 그 결과는 성공적이었다. 하지만 후에는 직원들의 사과의 언어를 모두 알게 됨으로써 더욱 효과적인 사과가 가능해졌다.

고용주들은 종업원들에게 5가지 사과의 언어 개념을 알려주며, 그들 자신의 사과의 언어를 발견하도록 도와줄 필요가 있다. 그리고 이 같은 정보를 함께 일하는 동료들에게 알리게 할 필요가 있다.

각자의 사과의 언어가 다르다는 것을, 그리고 상대방의 사과의 언어로 말하지 않으면 사과의 진실성이 전달되지 않는다는 것을 모르는 직원들이 많다. 보다 효과적인 사과법을 배움으로써 우리는 동료 직원들과 보다 좋은 관계를 맺을 수 있다. 그럴 때 보다 행복하고 즐거운 일터가 될 것이다.

> **인상적인 한마디!**
> "일할 수 있는 특권은 선물이고, 일할 수 있는 힘은 축복이며, 또한 일을 사랑하는 것이 성공임을 깨닫자." _데이비드 매케이

자신에게 사과하기

　조단은 내 사무실에서 울고 있었다. 아니 '흐느꼈다'는 표현이 더 적절할 것이다. 나는 조단을 갓난아기 적부터 18년 동안 줄곧 지켜봐 왔지만, 그처럼 혼란스러워하는 모습은 처음이었다. 그는 좋은 성적의 학생이자 스타 축구 선수였고, 교회의 청소년 프로그램에 활동적으로 참여했다. 요컨대, 그는 모범생이었다. 하지만 내 사무실에서 그런 것들은 아무 소용도 없는 듯했다. 처음에는 눈물을 멈추려고 애를 쓰면서 그는 천천히 말을 시작했다.

　"정말 분통이 터져요. 내 삶이 온통 엉망이 되어 버렸어요. 정말 죽고 싶어요." 그 세 마디만 들어도 나는 그가 심각한 문제에 봉착해 있음을 알 수 있었다.

　"무슨 일인지 말해 보겠니?" 하고 내가 물었다. 내 말을 듣는 동안 조단은 바닥을 내려다보고 있었다.

　"작년에 시작된 일이에요. 이 여자 친구를 학교에서 만났어요. 그녀와 데이트해서는 안 된다는 걸 알고 있었지만, 예쁜 외모에 반하고 말았어요. 방과 후에 그녀를 데리고 집으로 가기 시작했어요. 그녀의 아버지는 4년 전에 작고하셨고, 어머니는 오후 6시가 지나서야 일터에서 돌아오셔요. 우리는 함께 공부하며 대화를 나누곤 했습니다. 그러다가 엉뚱한 장난을 하기 시작했고 오래지 않아 성관계를 가졌어요. 나는 그게 옳지 않은 줄 알고 있었지만 조심하려고만 했어요. 결국 그녀는 임신했고 지난주에 유산하고 말았습니다."

조단의 온 몸이 떨리고 있었다. 잠시 후에 그가 말했다. "제가 부모님을 실망시켜드렸어요. 하나님을 실망시켜드렸어요. 나 자신을 실망시켰어요. 그녀를 실망시켰어요. 나는 죽고 싶을 뿐이에요."

조단은 젊었지만, 자신에게 도움이 필요하다는 걸 알 만큼 지혜로웠다. 다음 12개월 동안, 나는 그를 정기적으로 만났다. 그는 점차 나아졌고 자신의 부모와 그 여자 친구와 그녀의 어머니에게 사과드렸다. 나는 그가 하나님께 죄를 자백하고 용서를 구하면서 우는 것을 보았다. 상담 기간이 거의 끝나갈 무렵에 그는 "제가 사과해야 할 사람이 한 명 더 있습니다"라고 내게 말했다.

"그게 누군데?"

"나 자신에게 사과할 필요가 있다고 생각해요."

"재미있는 말이군. 왜 그런 생각을 하게 되었니?"

"나는 줄곧 자학해 왔어요. 내가 한 짓을 계속 떠올리며 자책했어요. 다른 사람들은 모두 나를 용서한 것 같지만, 나는 나를 용서하지 않았어요. 나 자신에게 사과할 수 있다면 나 자신을 용서할 수 있을 거라는 생각이 들어요."

"네 말이 너무나 옳아." 내가 말했다. "함께 답을 찾아보는 게 어때? 너 자신에게 뭐라고 말하고 싶니?"

조단은 얘기를 시작했고 나는 받아 적기 시작했다. "내가 잘못했다고 말하고 싶어요. 정말 큰 잘못을 저질렀어요. 그 잘못 때문에 내 마음이 얼마나 아픈지를 그리고 내가 얼마나 후회하는지를 나 자신에게 말하고 싶어요. 그리고 중요한 교훈을 얻었으며 앞으로는 결혼 전까지 성적 순결을 철저히 지키겠다고 말하고 싶어요. 나 자신에게 다시 행복해질 수 있는 자유를 주고 싶습니다. 또한 나 자신을 용서하고 장래의 삶을 가장 잘 활용하라고 당부하고 싶어요."

나는 조단의 말을 빠짐없이 적느라고 허둥댔다. "잠시만" 하고 내가 말했다. 내 컴퓨터를 켜서 조단의 사과 내용을 입력하고 그의 이름을 써 넣었다. 그리고 그것을 인쇄하여 그에게 주면서 말했다. "네가 이 거울 앞에 서서 너 자신에게 이 내용대로 사과했으면 좋겠어." 조단이 자신의 사과 내용을 읽는 동안 나는 가만히 귀를 기울이며 보고 있었다.

그가 몸을 돌이키고 나랑 껴안았을 때 그 얼굴에는 눈물이 하염없이 흘러내렸다. 잠시 동안 우리는 용서의 감격 속에서 함께 울었다. 조단은 대학을 무사히 마쳤고, 이제 결혼하여 가정을 꾸리고 있다. 그 상담이 이뤄진 지 여러 해가 지난 후에 조단이 내게 말했다. "제가 나 자신에게 사과했던 때가 내 일생에서 가장 의미심장한 날이었어요. 그렇게 하지 않았다면 나는 계속 힘들었을 거예요."

상담가로서, 나는 자신에 대한 사과의 놀라운 힘을 조단에게서 직접 배웠다.

이성적 자아 vs 실제적 자아

왜 자신에게 사과해야 할까? 일반적인 의미에서, 우리가 자신에게 사과하는 이유는 다른 사람에게 사과하는 이유와 동일하다. 우리는 관계 회복을 원한다. 다른 누군가에게 사과할 때, 우리는 그 사과가 둘 사이의 장벽을 제거하고 그 결과 관계가 돈독해질 수 있길 바란다. 자신에게 사과할 때, 우리는 자신이 되고 싶은 모습(이상적인 자아)과 현재의 자신(실제 자아) 간의 정서적인 불균형을 제거하고 있는 셈이다. 이상적인 자아와 실제 자아 사이의 거리감이 클수록 내면의 정서적 혼란도 더 심해진다. 우리가 이상적인 자아와 실제 자아 사이의 거리감을 제거할 때 자신의 내면이 평안해진다. 자신에 대한 사과가—그리고 그로 인한 용서 경험이—그런 거리감을 제거해준다.

우리의 도덕적 실패들

때로 정서적인 불안은 도덕적 기준에 따라 살지 못했다는 자각에서 비롯된다. 조단의 경우가 그랬다. 그는 결혼 전에는 성적 순결을 지키겠다고 자신에게 약속했었다. 그는 모든 십대들이 그것을 도덕적 기준으로 받아들이는 것은 아님을 알고 있었다. 하지만 그에게는 그것이 영적인 문제였다. 조단은 그것이 하나님의 기준이라고 믿었으며 그것을 따르려고 했다. 내면화된 도덕적 기준을 의식적으로 범했을 때 그는 불안과 죄책감에 사로잡혔다. 그에게 있어서 이상적인 자아와 실제 자아 간의 거리는 엄청났다. 그가 다른 사람들에게 사과함으로써 그들과의 관계를 회복했지만, 자신에게 사과하기 전까지는 내적인 평안을 찾지 못했다.

도덕적 실패는 여러 측면들에서 나타난다. 닐은 45세로 두 아들의 아빠였다. 일찍부터 그는 진실을 말하라고 아이들에게 가르쳤다. 그에게 있어 성실성은 높은 도덕적 가치를 지닌 것이었고 그는 아이들이 진실을 말할 줄 알기를 원했다. 어느 해에 납세 신고서를 작성하면서 그는 감세 혜택을 더 많이 받기 위해 '진실을 왜곡했다.' 당시에는 그것이 사소하고 하찮은 일로 보였다. 그러나 일주일도 채 못 되어 닐은 자신의 행동에 대해 심한 불안감을 느꼈다. 수정된 납세 신고서를 제출하고서 자신을 용서한 후에야 비로소 그는 마음의 평안을 되찾았다.

거짓말, 도둑질, 사기, 혹은 성적 부도덕은 모두 깨트려진 도덕적 기준을 보여주는 사례들이며, 죄책감과 근심에 사로잡히게 할 수 있다. 다른 사람들에 대한 사과가 인간관계를 치유해줄 수 있다면, 자신에 대한 사과와 용서는 근심을 제거하고 마음의 평안을 되찾아준다.

자신에게 사과하는 또 다른 이유는, 자신에게 계속 상처를 줌으로써

야기될 수 있는 결과가 두렵기 때문이다. 과오를 범한 사람은 그 이후로 불안하게 살게 되고, 우울증에 빠져드는 상태가 두렵게 된다. 이 상태에서 어떤 이들은 그 같은 감정을 유발한 사건을 다루기보다는 우울증을 치료하기 위한 약물에 눈을 돌린다. 약물은 오랫동안 우울증에 시달려 온 사람들에게 또는 뇌 속의 화학적 불균형으로 인해 우울증에 빠진 사람들에게 큰 도움이 될 수 있다. 그러나 다른 사람들과 자신에게 사과할 줄만 알면 우울증을 모면할 수 있는 경우들도 많다.

마지막 자신에게 사과하는 또 다른 이유는, 자신이 세운 삶의 목표를 향한 궤도에 다시 오를 수 있기 때문이다. 데이비스는 야심찬 사업가인데 시내의 다른 사업가에게 어리석은 실책을 범했다. 그는 내게 이렇게 말했다. "내 발등을 내가 찍은 것 같아요. 나는 그 사람에게 사과했고 그도 나를 용서한 듯해요. 하지만 내가 한 일이 앞으로 오래도록 내 사업에 악영향을 미칠까봐 두려워요. 그 기억을 떨쳐 버리고서 전진하려고 무진 애를 쓰고 있어요. 심지어 다른 도시로 가서 새로 시작할까 하는 생각도 했어요." 데이비스는 그 문제로 인해 불안해 하고 있으며, 그 때문에 사업에 지장이 많다. 그는 과거의 실패가 아니라 미래에 초점을 맞출 수 있도록 자신에게 사과할 필요가 있다.

당신이 과거의 실패로 인한 근심에 사로잡힐 때, 그 해결책은 '그것을 잊으려고 애를 쓰는 것'이 아니다. 잊으려고 애를 쓸수록, 그 기억은 더 생생해진다. 해결책은 상처 입은 자들에 대한 사과와 자신에 대한 사과 그리고 용서이다.

자신에 대한 분노를 처리하는 법

자신의 이상적인 자아에 따라 살지 못할 때, 우리 속에서는 다른 피해자들의 내면에서 일어나는 것과 같은 일이 일어난다. 즉 우리는 화가 난다. 이 분노는 자신에 대한 것으로 이것을 무시하면 문제가 해결되지 않는다. 따라서 분노를 처리하는 방법을 반드시 알아야 한다.

잘못된 방법

분노를 처리하는 두 가지 부정적인 방법에는 외적 폭발과 내적 폭발이 있다. 분노를 밖으로 폭발시킬 때, 우리는 다른 사람에게 또 다른 상처와 분노를 안겨주며 그래서 관계를 훼손시킨다. 반대로 분노를 안으로 폭발시킬 때, 우리는 자신에게 상처를 준다. 이것은 자신을 정신적으로 질타하는 형태일 수 있다. '나는 어리석다, 나는 결코 올바로 하지 못할 거야, 난 아무 일도 해내지 못할 거야.' 이는 내적 폭발을 보여주는 태도들이다. 내적 폭발의 극단적인 형태는 자신의 몸을 자학하는 모습으로 표현될 수 있다. 손목을 긋거나 머리를 부딪치거나 또는 머리털을 잡아 뜯는 행동이 그런 사례에 해당한다. 외적 폭발이나 내적 폭발을 통해 표현되는 '자신에 대한 분노'는 결코 상황을 호전시키지 못한다.

올바른 방법

분노를 처리하는 긍정적인 방법은 세 단계를 포함한다. 첫째, 자신이 행한 일이 어리석거나, 그릇되거나, 혹은 다른 사람들과 자신에게 해롭다는 점을 시인하라. 둘째, 피해자에게 사과하고 그들의 용서를 구하라. 셋째, 의식적으로 자신에게 사과하고 자신을 용서하라.

자신에게 사과하는 법

자신에게 사과하려면 '자신과의 대화'가 필요하다. 누군가가 "자신에게 얘기하는 것은 정신병에 걸린 표시"라고 말했다. 그렇지 않다! 정신적으로 건강한 사람은 늘 자신과 대화한다―자신을 격려하고, 자신에게 조언하고, 자신에게 묻는다.

큰 소리로 그렇게 하는 경우도 있지만, 마음속으로 조용히 하는 때가 더 많다. 만약 자신에게 사과하는 경우라면, 귀에 들리도록 하는 게 좋을 것이다. 자신의 주요 사과의 언어를 안다면 그것에 초점을 맞추되 다른 네 가지도 포함시키라.

자신에게 사과하기 전에 그 내용을 먼저 글로 써 보는 것도 좋다. 이것이 어렵다면 조단의 사과를 활용해 보는 것도 좋은 방법이다. 그의 이름을 지우고 거기에 당신의 이름을 넣으라. 문장의 순서나 어휘를 바꿀 수도 있다. 이렇게 해 보도록 권하는 것은, 자신에 대한 사과를 효과적으로 하도록 돕기 위함이다.

"_____, 내가 잘못했다고 말하고 싶어. 내가 정말 큰 잘못을 저질렀어. _____, 내가 그 때문에 얼마나 괴로운지 또 얼마나 후회스러워하는지 네게 말하고 싶어. 나는 교훈을 얻었어. 다시 행복해질 수 있는 자유를 너에게 주고 싶어. 그리고 _____, 나를 용서해달라고 그리고 장래의 삶을 가장 잘 활용할 수 있도록 도와달라고 네게 부탁하고 싶어."

자신의 문구를 만들어 보라. 그 내용을 적은 후에 거울 앞에 서서 자신의 눈을 들여다보면서 소리를 내어 자신에게 사과해 보라. 자신에 대한 사과는 '자신과의 화평'을 회복하는 데 중요한 단계이다.

자신을 용서한다는 것의 의미

자신을 용서하는 것은 자신에게 해를 끼친 어떤 사람을 용서하는 것과 매우 비슷하다. 다른 누군가를 용서한다는 것은 더 이상 책임을 묻지 않기로 함을 뜻한다. 상대방을 자신의 삶 속으로 받아들이며 계속 관계를 유지하려 한다.

자신을 용서하는 것도 마찬가지다. 근원적으로, 자기-용서는 하나의 선택이다. 우리는 자신의 잘못을 용서할 것을 선택해야 한다. 외적으로나 내적으로 감정을 폭발시켜 자신을 질책하는 방법은 긍정적인 목적에 도움이 되지 않는다. 그런 행동은 파괴적일 뿐이다. 자신을 용서하면 이상적인 자아와 실제 자아 간의 간격이 제거된다. 자신을 용서함으로써 우리는 자신의 높은 이상을 긍정한다. 자신의 실패를 시인하고 이상을 향해 매진하는 것이다.

자신에 대한 사과문을 적을 때, 자기-용서에 대한 문구도 넣는 게 좋다. 다음과 같은 견본을 참조할 수 있을 것이다.

"_____, 네가 저지른 과오가 나를 무척 괴롭히고 있어. 나를 무척 불안하게 해. 하지만 나는 너의 진실한 사과를 들었고 넌 내게 소중한 존재야. 따라서 _____, 난 너를 용서하기로 했어. 더 이상 너를 질책하지 않을 거야. 너의 밝은 미래를 위해 나도 최선을 다할게. 너를 계속 도울 거야. 다시 말하지만 _____, 난 널 용서해."

자기-용서 문구를 적은 후에, 다시 거울 앞에 서서 자신의 눈을 들여다보면서 소리내어 용서를 표현해 보라.

다른 사람들을 용서하는 경우와 마찬가지로, 이 자기-용서도 고통이나 실패 기억들을 모조리 제거해주지는 않는다. 실패에 따른 결과들을 모두 제거해주는 것도 아니다. 이를테면, 거짓말을 하거나 무엇을 훔쳤다면 당신은 그 대가를 지불해야 할 수 있다. 그럼에도 용서는 과거의 실패에 얽매이지 않게 해주며 미래를 가장 잘 활용할 수 있는 자유를 제공한다.

자신의 실패를 통해 배우기

당신은 이제 자신의 삶의 경로를 바꿀 위치에 서 있다. 때로 사람들은 실패에 대해 다시는 생각하지 않으려는 실수를 범한다. 사실 우리는 실패를 통해 많은 걸 배울 수 있다. '나로 하여금 그런 과오를 범하도록 만든 요인들이 무엇인가?'라고 자신에게 물어 보라. 그 요인들이 바로 변화를 필요로 하는 것들이다.

예를 들어, 당신이 알코올이나 마약에 빠졌다면, 당신 스스로가 음주나 마약 사용을 부추기는 상황 속에 발을 들여놓았을 수 있다. 장래에는 그런 일을 허용하지 말아야 한다. 당신의 실패가 성적 부도덕이라면 그런 실패를 반복하도록 부추기는 환경으로부터 벗어나야 한다.

과거의 실패를 통해 배움과 더불어, 이제 당신은 더 밝은 미래를 향해 적극적인 단계를 밟는 위치에 있다. 이는 독서, 세미나 참석, 친구들과의 대화, 또는 상담을 포함할 수도 있다. 이런 단계들을 통해 당신은 미래의 방향을 제시해줄 새로운 정보와 통찰력을 얻는다. 자신에 대한 사과와 용서는 지금까지 꿈꾸어 왔던 것보다 훨씬 더 밝은 미래에 대한 가능성을 열어줄 것이다.

> **인상적인 한마디!**
> "사과는 삶의 특출한 접착제다. 그것은 무엇이든 고칠 수 있다." _ 린 존스턴

마치는 말

모두가 제대로 사과할 줄 안다면?

우리 손녀 데이비 그레이스가 다섯 살이던 때에, 우리 부부는 그레이스와 일주일을 함께 보낼 기회가 있었다. 캐롤린과 나는 신이 났다. 정말 흥겨운 한 주간이었다. 하지만 한 가지 일이 내 기억 속에 잊혀지지 않고 남아 있다. 캐롤린의 서랍 한 곳에는 손자 손녀들이 좋아하는 '스티커들'이 들어 있다. 그레이스는 이 특별 서랍을 잘 알고 있었고 스티커를 좀 가져도 되는지를 할머니에게 물었다. 캐롤린은 석 장만 골라서 가지라고 아이에게 말했다.

한두 시간 후에, 우리는 집 안 곳곳에 널려 있는 스티커들을 보았다. 그레이스가 스티커들을 모조리 꺼내어 아무렇게나 내던져 둔 것이다. 캐롤린은 아이에게 "석 장만 가지라고 말했는데 넌 모조리 다 손을 댔어"라고 말했다.

그레이스는 말없이 서서 할머니의 이어지는 꾸중을 들었다. "넌 할머니 말을 안 들었어."

아이는 폭포 같은 눈물을 흘리면서 "내겐 용서가 필요해요" 하고 말했다.

그 어린아이의 말과 고통스런 얼굴을 나는 결코 잊지 못할 것이다. "아가야, 우리 모두가 누군가에게서 용서받을 필요가 있단다. 할아버지는 너를 기꺼이 용서하마. 할머니도 그럴 거야"라고 말하면서 손녀를 꼭 껴안았을 때, 내 눈에도 눈물이 줄줄 흘러내렸다. 물론 캐롤린도 화해의 포옹에 동참했다.

누군가의 용서

사과에 관한 책을 쓰는 동안 나는 그 장면을 자주 떠올렸다. 그리고 나는 용서의 필요성이 보편적이며 또한 그 필요성을 인정하는 것이 사과의 본질임을 확신한다.

사과는 내 말이나 행동이 다른 사람들의 신뢰를 저버렸거나 어떤 식으로든 그들에게 해를 끼쳤음을 자각하는 데서 비롯된다. 이런 과실이 인정되지 않으면 관계가 깨진다. 해를 당한 사람은 상처와 낙심 그리고 (또는) 분노 가운데서 살아가는 반면에 나는 죄책감이나 외식적인 자기 의를 지니고서 살아간다. 과실로 인해 관계가 손상되었음을 둘 다 알고 있다. 아무도 화해를 제의하지 않는다면 관계는 더욱 소원해질 것이다.

여러 해 전에 시카고에 거주할 때, 종종 나는 '퍼시픽 가든 미션'Pacific Garden Mission에서 자원 봉사자로 일했다. 나는 길거리 체험담을 털어놓는 수십 명의 사람들을 만났는데 그들의 이야기에는 한 가지 공통점이 있었다. 모두들 누군가에게서 부당한 대우를 받았던 적이 있었다는 것이다. (적어도 그들은 그렇게 생각했다.) 그리고 아무런 사과도 받지 못했다.

그들 중에는 다른 사람들을 매정하게 대하고서 사과하지 못했음을 시인하는 이들도 많았다. 그 결과는 관계 단절이었다. 결국 그들은 의지할 사람이 없어서 거리로 향했다. 종종 나는, 누군가가 자신의 사과를 통해 이들에게 사과하는 법을 알려주었다면 상황이 많이 달라졌을 거라고 생각한다.

최근에는 사기 혐의로 기소되거나 유죄 판결을 받은 회사 중역들이 많다. 이들이 승진 단계를 밟을 때 사과하는 법을 배웠더라면 어떻게 되었을까?

공무원들 중에도 유죄 판결을 받은 이들이 많다. 이들 중 대부분은 유죄가 입증되기 전까지는 줄곧 자신의 무죄를 주장했다. 사과할 때에도 그들은 매우 애매하게 말하며 이기적인 태도를 보이는 경우가 많다. 회사 중역들이나 공무원들의 경우, 사과를 꺼리는 것은 자신이 불리한 처지에 놓일까봐 두려워서일 수도 있다. 그들은 '사과해서 모든 걸 잃기보다는 입을 다물고 내 자리를 지키는 것이 더 좋다'고 생각한 것이다.

우리 문화의 패턴 깨트리기

'보통' 사람들의 경우에, 사과를 꺼리는 태도는 성장 과정에서 자신이 보고 내면화한 문화 패턴에 그 뿌리를 두고 있다. 그래서 앞에서도 논의했듯이, 어떤 이들은 자신의 실패에 대해 다른 사람을 비난한다. 단호한 표정으로 아무런 잘못도 저지르지 않았다고 주장하는 이들도 있다. 또 어떤 이들은 문제에 부딪히고 싶지 않아서 곧바로 대충 사과하고 만다.

그러나 진실한 사과를 위해 시간을 할애하는 법을 배우는 사람들이 점점 늘어나고 있다. 이들이 강한 사람들이다. 이들이 영웅이다. 이들 주위에 사람들이 모인다. 또한 이런 사람들이 신뢰를 받는다.

사과 기술은 쉽지 않지만, 반드시 습득되는 것이고 노력을 기울일 만한 가치가 있는 것이다. 사과는 정서적, 영적 건강의 새로운 세계를 열어 준다. 사과를 통해 우리는 거울 속의 자신을 볼 수 있고 사람들의 눈을 들여다볼 수 있으며, '신령과 진정으로' 하나님께 예배드릴 수 있다. 진정으로 용서받을 가능성이 많은 사람은 진심으로 사과하는 사람이다.

사과가 삶의 한 방식이 될 때, 건강한 관계가 지속될 것이다. 사람들은 필요한 인정과 지원과 격려를 받을 것이다. 깨트려진 관계로부터 도피하기 위해 마약과 알코올을 접하는 자들이 줄어들 것이다. 거리를 배회하는 이들도 줄어들 것이다.

'그레이스야, 나 역시 용서가 필요하단다.' 어린 아이에서 노인에 이르기까지, 우리 모두는 우리를 용서해줄 누군가가 필요하다. 우리가 효과적으로 사과하는 법을 배운다면 용서는 더 쉬워질 것이다. 나는 이 책이 우리 모두를 사과에 익숙해질 수 있도록 도와주기 바란다. 우리가 사과하는 법을 배움으로써, 비난하거나 책임을 회피하려는 또는 과오를 진실하게 다루지 않고 대충 넘어가려는 성향에서 우리를 변화시켜주길 원한다.

"하나님 아버지, '나는 용서가 필요해요'라고 말했던 그레이스의 자세를 우리에게도 허락해 주소서. 그리고 제대로 사과하는 법을 가르쳐 주소서. 예수님 이름으로 기도합니다. 아멘."

THE FIVE
LANGUAGES
OF APOLOGY

부록

- 나의 사과의 언어 찾기 설문
- 주

| 나의 사과의 언어 찾기 설문 |

다음에 소개하는 내용은 당신의 사과의 언어를 발견하도록 돕기 위해 마련된 것이다. 20가지의 가상 시나리오들을 읽고서, 당신이 그 상황에 처했다면 가장 듣고 싶었을 반응을 하나 골라서 체크하라. 각 시나리오에서, 당신과 상대방은 매우 중요한 관계라는 점을 가정하라. 또한 당신이 상처받은 사실을 그가 자각하고 있다고 가정하라.

20개의 시나리오에 대한 반응 중 어떤 것들은 서로 비슷하다. 그 유사성보다는 당신의 마음에 가장 와 닿는 반응에 더 초점을 맞추라.

1. 당신의 배우자가 결혼기념일을 잊어 버렸다. (당신이 미혼자라면, 이 시나리오를 가정하라.) 그/그녀는 다음과 같이 말해야 한다.

    ____ ◇ 여보, 깜박해서 미안해요. 당신과 우리의 결혼은 내게 너무 중요해요.

    ____ ○ 내가 잊어버린 데 대해서는 변명의 여지가 없어요. 내가 무슨 생각을 하고 있었지?

    ____ △ 당신을 향한 내 사랑을 어떻게 증명해야 하죠?

    ____ □ 내년에는 결코 잊지 않을게요! 달력에 표시해 둘게요.

    ____ ☆ 나 때문에 마음이 상했다는 걸 알아요. 그래도 나를 용서해주겠어요?

2. 당신의 어머니가 당신의 기분을 무시하고서 당신이 원치 않는 일을 하셨다. 어머니는 이렇게 말하셔야 한다.

　____ ○ 내가 조금만 깊이 생각했더라면 그게 옳지 않다는 걸 깨달았을텐데.

　____ △ 너의 존경심을 다시 얻으려면 내가 어떻게 해야 할까?

　____ □ 앞으로는 네 감정을 충분히 고려할게.

　____ ☆ 나에게 다시 한 번 기회를 주겠니?

　____ ◇ 내가 네 기분을 알면서도 그랬구나. 그러지 말았어야 했는데.

3. 위기에 처한 당신을 친구가 외면했다. 그/그녀는 이렇게 말해야 한다.

　____ △ 미안하다는 말로는 부족할 거야. 우리의 우정을 되살리기 위해 내가 어떻게 하면 좋겠니?

　____ □ 내가 네게 도움이 될 수도 있었다는 걸 이제 알겠어. 네가 다시 어려움에 처하면 내가 최선을 다해 도울게.

　____ ☆ 진심으로 미안해. 나를 용서해주겠니?

　____ ◇ 내가 너를 도와주었어야 했어. 실망하게 해서 미안해.

　____ ○ 네가 나를 가장 필요로 할 때 내가 너를 실망시켰어. 정말 끔찍한 실수를 저질렀어.

4. 당신의 여동생이 당신에 대해 몰지각한 말을 했다. 그녀는 이렇게 말해야 한다.

    ____ □ 앞으로 이 경험을 교훈 삼아 몰지각한 말로 오빠에게 상처를 주는 일을 하지 않을게.

    ____ ☆ 내가 쓸데없는 소리를 했어. 나를 용서해줄 수 있어?

    ____ ◇ 내가 너무 경솔했어. 오빠 기분을 더 고려했어야 하는 건데.

    ____ ○ 내 말이 오빠의 기분을 상하게 했어. 정말 잘못했어.

    ____ △ 내가 한 말을 취소할게. 어떻게 하면 오빠의 명예를 회복시킬 수 있을까?

5. 당신에게 아무런 잘못이 없는 게 분명한데도 당신의 배우자가 당신에게 분노를 터뜨렸다. 그/그녀는 이렇게 말해야 한다.

    ____ ☆ 당신에게 소리질러서 정말 미안해요. 부디 나를 용서해줘요.

    ____ ◇ 내가 소리지른 게 당신에게 상처가 되지 않았으면 해요. 당신에게 보인 행동 때문에 영 기분이 좋지 않아요.

    ____ ○ 내가 화났지만, 당신에게 그렇게 말할 권한은 없었는데. 당신은 그런 말을 들을 이유가 없었어요.

    ____ △ 우리 사이를 바로잡으려면 내가 어떻게 해야 할까요?

    ____ □ 내가 이런 짓을 다시 할까봐 두려워요. 앞으로는 이처럼 감정을 폭발시키지 않을 방법을 찾아내도록 도와줘요.

6. 당신은 성취한 것에 자부심을 갖지만, 당신의 친구는 그것을 사소하게 여겼다. 그/그녀는 이렇게 말해야 한다.

___ ◇ 네가 몹시 기뻐할 만도 했는데, 내가 널 낙심시켰어. 내가 제대로 축하해 주지 못한 게 영 마음에 걸려.

___ ○ 내가 네 일을 기뻐하지도 축하해주지도 않았어. 나 나름대로 핑계거리는 있지만, 사실, 네 업적을 무시한 데 대해서는 아무런 변명도 댈 수 없어.

___ △ 네 업적을 축하하기에는 이제 너무 늦었지? 난 내 실수를 정말 만회하고 싶어.

___ □ 앞으로는 네 성공에 주목하고 꼭 축하해 줄게. 귀한 교훈을 배웠어.

___ ☆ 나는 너를 실망시킨 줄 알고 있어. 나를 다시 용서해주겠니?

7. 당신의 사업 파트너가 서로의 이익이 걸린 중요한 문제를 당신과 의논하지 않았다. 그/그녀는 이렇게 말해야 한다.

___ ○ 내가 이번에 정말 실수했어요. 이 결정에 당신을 포함시키는 게 옳았어요. 당신이 내게 화를 낼 만도 해요.

___ △ 내 실책을 만회하려면 내가 어떻게 해야 하죠?

___ □ 앞으로는 어떤 문제든 당신과 의논할 계획입니다. 어떤 결정을 내릴 때든 당신을 배제하지 않을게요.

___ ☆ 당신은 나를 질책할 권한이 있어요. 나를 용서해주실 수 있겠어요?

___ ◇ 내가 당신에게 심한 상처를 주었군요. 정말 죄송해요.

8. 직장 동료가 다른 사람들 앞에서 무심코 당신을 우스꽝스럽게 만들고 당혹스럽게 했다. 그/그녀는 이렇게 말해야 한다.

  ____ △ 내가 어떻게 해야 우리의 관계를 회복시킬 수 있을까요? 직원들 앞에서 당신에게 사과하길 원하세요?

  ____ □ 다른 사람들의 기분을 아랑곳하지 않고 싶긴 하지만, 앞으로는 당신과 다른 사람들을 더 많이 배려하길 원해요. 내가 책임감 있게 처신하도록 나를 좀 도와주시겠어요?

  ____ ☆ 당신에게 해를 끼치고 싶지는 않았어요. 지금 내가 할 수 있는 건 당신의 용서를 구하는 것과 같은 짓을 다시는 반복하지 않으려고 노력하는 것뿐이에요.

  ____ ◇ 당신을 그처럼 당혹스럽게 한 데 대해 깊이 뉘우치고 있어요. 그때 좀더 적절하게 말할 수 있었으면 좋았으련만.

  ____ ○ 내가 너무 생각이 모자랐어요. 재미로 한 건데, 당신에게 상처를 주었으니 말이에요.

9. 당신이 친구에게 중요한 얘기를 하려고 하는데, 그/그녀는 무관심한 태도를 보였다. 그/그녀는 이렇게 말해야 한다.

  ____ □ 이번에는 내가 실수했지만 앞으로는 네가 말할 때 관심을 집중할게.

  ____ ☆ 귀기울이지 않아서 미안해. 나를 용서하고 싶지 않겠지만, 부디 용서해주길 바래.

____ ◇ 네 말에 귀기울이지 않은 게 정말 마음에 걸려. 중요한 말을 하고 싶은 마음이 어떤 건지 난 알아. 네 말에 귀기울이지 않은 게 정말 후회스러워.

____ ○ 튼튼한 관계를 위해서는 경청이 매우 중요한 요소인데도 내가 다시 실수를 저질렀어. 네 말을 무시하고 말았어.

____ △ 다시 해 볼 수 있을까? 네가 말하면 나는 들을 거야. 내가 관심을 집중할게.

10. 당신과 더불어 의견 충돌을 일으켰던 동생이 중요한 부분에서 자신이 잘못했음을 깨닫게 되었다. 그는 이렇게 말해야 한다.

____ ☆ 내가 사과해. 나를 용서해줘.

____ ◇ 의견 차이를 놓고서 내가 너무 엉망으로 처신했어. 내 행동이 우리의 관계를 위태롭게 만들었어. 정말 후회스러워.

____ ○ 내가 잘못한 것을 인정해. 내가 지금 아는 것을 그때도 알았다면, 피차 마음의 상처를 이처럼 심하게 받지 않았을텐데.

____ △ 우리의 관계를 바로잡기 위해 내가 어떻게 해야 하지? 신뢰를 회복하려면 내가 무언가를 해야 한다는 생각이 들어.

____ □ 앞으로 어떤 문제를 놓고서 서로 의견이 엇갈리면, 나는 무슨 판단을 내리기 전에 모든 사실들을 다 고려해 볼 생각이야. 그러면 불필요한 언쟁에서 벗어날 수 있을 거야.

11. 당신이 배우자의 특정한 버릇 때문에 괴롭다는 뜻을 예전에 여러 차례 피력했는데도, 그/그녀는 반감을 품고서 그 버릇을 버리지 않았다. 그/그녀는 이렇게 말해야 한다.

　____ ◇ 내가 심했어요. 당신의 뜻을 좀 더 배려하지 못해서 미안해요. 당신이 내게 그랬다면 나도 기분이 나빴을 거야.

　____ ○ 그래요. 당신 말이 맞아. 내가 일부러 당신을 괴롭혔어요. 그건 재미있지도 올바르지도 않아. 나는 좀 더 성숙하게 행동할 필요가 있어요.

　____ △ 당신을 일부러 괴롭혀 놓고서 미안하다고 말해서 될 일이 아니죠. 당신의 마음을 가라앉히려면 내가 어떻게 해야 하지?

　____ □ 나는 당신의 뜻을 고려하지 않는 습관이 있어요. 그 습관을 버리고 싶어. 지금부터는 각별히 노력해 볼게요.

　____ ☆ 이제껏 당신의 인내심을 시험해 온 꼴이에요. 부디 용서해주길 바래요. 당신의 요구 사항을 존중하는 방향으로 새로 시작하도록 허락해줄래요?

12. 당신의 아버지가 서로 상충되는 의견에 대해 당신으로 하여금 죄책감을 느끼게 하려고 아무 말도 하지 않았다. 그는 이렇게 말하셔야 한다.

　____ ○ 분명 내 잘못이야. 내가 그 상황을 더 공정하고 솔직하게 다뤘어야 했어.

　____ △ 내가 이 문제와 관련하여 어떤 식으로든 네게 벌충해주고 싶어. 그래서 다시 허심탄회하게 대화하길 원해. 내가 저녁을 사도 되겠니?

____ □ 앞으로는 네게서 견해 차이를 느낄 때 네게 죄책감을 심어주려 하지 않고 내 느낌을 보다 솔직하게 얘기하마.

____ ☆ 네 선택 사항이겠지만 나는 진심으로 너의 용서를 바래.

____ ◇ 너도 성인인데, 내가 내 결정을 강요하려 한 게 영 마음에 걸리는구나. 난 우리의 관계에 금이 가는 걸 원치 않는단다.

13. 사업 제휴자가 약속을 어김으로써 중요한 마감 시한을 놓치고 말았다. 그/그녀는 이렇게 말해야 한다.

____ □ 지금 어떻게 해봤자 소용이 없지만, 다시는 이런 잘못을 범하고 싶지 않아요. 다음부터는 약속을 잘 지키려면 내가 어떻게 해야 할지 얘기해 봅시다.

____ ☆ 심려를 끼쳐드려서 용서해달라고 부탁할 면목도 없지만 부디 용서해주길 바랍니다.

____ ◇ 너무 미안해요. 내가 잘 해내겠다고 당신에게 약속했는데 당신을 실망시켰을 뿐만 아니라 마감 시간까지 놓치게 만들었군요. 이 때문에 당신의 일과 우리의 협력 관계가 위태로워지고 말았네요.

____ ○ 이번에 내가 일을 그르쳤어요. 나 때문에 당신이 마감 시한을 놓쳤군요.

____ △ 지금 내가 어떻게 해야 할지 모르겠지만, 당신의 마감 시한을 놓치게 한 데 대해 어떻게 보상해야 할까요?

14. 공연을 함께 보기로 한 사람이 끝내 공연장에 나타나지 않았다. 그/그녀는 이렇게 말해야 한다.

____ ☆ 우리의 친분은 정말 중요해요. 그러니 부디 나를 단념하지 마시기 바랍니다. 당신을 기다리게 한 걸 용서해주시겠어요?

____ ◇ 기다리게 해서 너무 죄송해요. 당신은 내게 소중해요. 내가 약속 시간을 지켜서 당신과 당신의 시간을 존중했어야 했어요.

____ ○ 나는 당신을 실망시켰어요. 내가 시간을 잘 조절하기만 했어도 약속을 지킬 수 있었을 거예요. 그건 전적으로 내 잘못입니다.

____ △ 다른 공연장에 갑시다. 지난 번 실책을 사과하는 의미에서 이번에는 내가 표를 살게요.

____ □ 앞으로는 시간과 스케줄을 잘 조절해서 우리의 친분에 지장이 없도록 할게요.

15. 당신의 집을 방문한 친구의 자녀가 당신의 소중한 물건을 깨트렸다. 그 친구는 이렇게 말해야 한다.

____ ◇ 이건 네가 몹시 아끼는 물건인 줄로 아는데, 이 일을 어쩌면 좋지?

____ ○ 내가 우리 아이를 좀더 잘 살폈어야 했어. 내가 더 주의하지 않아서 이런 일이 생겼어. 순전히 내 잘못이야.

____ △ 물건 값을 내는 게 좋을까, 어디서 똑같은 걸로 사다 놓는 게 좋을까, 아니면 다른 보상 방법이 있을까?

____ □ 앞으로는 네 물건들이 상하지 않도록 내가 주의할게. 아이들을 네 집에서 함부로 뛰어다니지 못하게 할게.

____ ☆ 정말 화가 나겠지만, 부디 나를 용서해주길 바래.

16. 교회의 어느 위원회에서 당신과 함께 리더 역할을 맡은 한 교인이, 그 위원회에서 추진했던 일이 실패하자 그 책임을 당신에게 돌렸다. 그/그녀는 이렇게 말해야 한다.

____ △ 내 행동에 대해 변명의 여지가 전혀 없어요. 내 마음이 조금이나마 편해지기 위해서는 이 문제를 바로잡는 길밖에 없어요. 내가 어떻게 해야 할까요?

____ □ 나는 우리 팀원들을 좀더 잘 이끌든지 아니면 위원회 리더직을 사임하든지 둘 중 하나를 택해야 할 것 같아요. 이 경험이 내게 좋은 약이 되길 원해요.

____ ☆ 나를 용서해주세요. 내가 당신을 비난한 건 잘못이에요. 부디 나를 용서해주기 바랍니다.

____ ◇ 내가 당신을 그렇게 비난했다니 믿을 수가 없어요. 내 행동에 나 자신이 당황했어요. 미안해요.

____ ○ 이 일을 실패한 데 대한 책임은 다른 누구 못지않게 내게도 있어요. 내가 잘못을 인정했어야 해요.

17. 당신의 비밀을 지켜줄 거라고 약속했음에도 불구하고, 직장 동료가 사무실 사람들에게 그 비밀을 얘기해 버렸다. 그/그녀는 이렇게 말해야 한다.

　　____ ○ 내가 당신의 비밀을 지켜주겠다고 말하고서, 그 약속을 깨트림으로써 신뢰감을 상실하고 말았어요. 끔찍한 실수예요.

　　____ △ 신뢰를 회복하려면 내가 어떻게 해야 할까요?

　　____ □ 내가 신뢰를 회복하려면 시간이 좀 걸리겠지만, 내 진심을 입증하기 위해 이제부터 열심히 할게요.

　　____ ☆ 즉답을 바라는 건 아닙니다만, 이 실수를 저지른 나를 용서해주시겠어요?

　　____ ◇ 당신의 비밀을 폭로함으로써 당신에게 얼마나 큰 상처를 줄 수 있었는지를 내가 생각할 수 있었더라면 좋았을 것을. 내 약속을 좀더 충실하게 지키지 못해서 너무 후회스러워요.

18. 팀원이 다른 팀원들에게 당신에 대해 부정적으로 말했다. 그/그녀는 이렇게 말해야 한다.

　　____ △ 내 실수를 바로잡기 위해 내가 할 수 있는 일이라면 무엇이든 다 하고 싶어요. 팀원들 앞에서 사과할까요?

　　____ □ 앞으로 당신을 못마땅하게 여길 일이 또 생긴다면, 내가 생각을 잘 추스려서 당신에게 직접 얘기할게요.

____ ☆ 나를 용서하기 힘들겠지만, 적어도 지금은 그렇겠지만, 언젠가는 나를 용서해주기 바랍니다.

____ ◇ 내가 한 말은 비열하고 매정했어요. 그런 말을 한 걸 후회해요.

____ ○ 내 태도가 나빴어요. 당신의 긍정적인 특성에 대해서는 한 번도 생각해 보지 않았어요. 내가 더 생각해 보고 말했어야 했어요.

19. 당신의 긍정적인 여러 업적들에도 불구하고, 당신의 상사는 트집만 잡으려 했다. 그/그녀는 이렇게 말해야 한다.

____ □ 당신이 열심히 일한 건 인정받을 만해요. 다음에는 내가 좀 더 객관적으로 보려고 노력할게요.

____ ☆ 이로 인해 우리의 관계가 틀어지지 않기를 바라요. 내 사과를 받아주시겠어요?

____ ◇ 내가 당신의 일에 대해 흠을 잡으려고만 해서 미안해요. 당신을 더 많이 격려해주지 않은 걸 후회합니다.

____ ○ 당신의 여러 가지 훌륭한 실적들을 내가 무시했어요. 마치 아무 짝에도 쓸모없다는 듯이 말이죠. 당신의 상사로서, 나는 당신의 일을 칭찬하는 데 신경을 더 많이 써야겠어요.

____ △ 어떻게 하면 내가 용서받을 수 있을까요? 당신의 실적을 다 기록해 둘까요?

20. 점심 식사 때, 음식 나르는 사람이 당신의 셔츠에 음식을 떨어뜨렸다. 그/그녀는 이렇게 말해야 한다.

____ ☆ "나의 부주의를 용서해주시겠어요?"

____ ◇ "죄송합니다. 손님의 셔츠를 망가뜨리고 이처럼 불편하게 해드려서 미안해요."

____ ○ "내가 평소에는 매우 조심하는 편인데, 이번에는 주의가 부족했어요. 이 모든 건 내 책임이에요."

____ △ "세탁비나 새 셔츠 구입비를 변상해 드릴게요. 어떻게 하는 게 좋을까요?"

____ □ "이번 일을 통해 많이 배웠어요. 다음부터는 손님을 접대할 때 한층 더 조심하겠습니다."

| 점수 기록 및 해석 |

각 번호에 해당하는 다섯 가지의 도형들이 모두 몇 번이나 체크되었는지 집계해 보라. 이를테면, ☆를 여덟 번 체크했다면, ___란에다 8이라고 적으라.

◇=유감 표명, ○=책임 인정, △=보상, □=진실한 뉘우침, ☆=용서 요청

짐작했겠지만, 다섯 가지 도형들은 각각 특정한 사과의 언어를 나타낸다. 20가지 물음들에 답하면서 당신이 가장 많이 체크한 도형이 바로 당신의 주요 사과의 언어이다.

각 사과의 언어의 최고 점수는 20이다. 둘 이상의 사과의 언어들에 동일한 점수가 매겨졌다면, 그 사과의 언어들은 당신에게 같은 비중을 지닌 것으로 느껴질 것이다.

| 주 |

Part 1

Chapter 1

1) 쌓인 분노를 푸는 방법에 대해서는, Gary Chapman, The Other Side of Love: Handling Anger in a Godly Way(Chicago: Moody, 1999)를 보라.
2) Dietrich Bonhoeffer, The Cost of Discipleship(New York: Macmillan, 1963), 47.

Chapter 2

3) Robert Fulghum, All I Really Need to Know I Learned in Kindergarten(New York: Ballantine, 1986), 4.

Chapter 3

4) Ken Blanchard and Margret McBride, The One Minute Apology(New York: Harper Collins, 2003), 1에 인용.
5) Ibid., x.
6) Patrick T. Reardon, "Oprah Turns on Memoir Author," Chicago Tribune, 2006년 1월 27일자.
7) Reardon. "Oprah Turns on Memoir Author," Chicago Tribune.

Chapter 4

8) Andy Stanley, Since Nobody's Perfect······How Good Is Good Enough? (Sisters, Oreg.: Multnomah, 2003), 72.

9) 성인들 간의 5가지 사랑의 언어 표현을 더 깊이 살펴보고 싶다면, 『5가지 사랑의 언어』와 『싱글을 위한 5가지 사랑의 언어』(생명의말씀사 역간)를 보라.

Chapter 5

10) "How It Works," Alcoholics Anonymous (New York: Alcoholics Anonymous World Services, Inc., 1976), 59.

Chapter 6

11) 우리는 2004-2005년 동안 여러 결혼 세미나들에서 370명 이상의 성인들에게서 연구 조사 설문지를 받았고, garychapman.com이라는 웹 사이트에 올라온 반응들을 수집했다. 이것은 과학적이지 못한 조사이지만, 그 대상에는 기혼자들과 독신자들이 모두 포함되었다. 세미나에서의 응답자들은 대부분 기혼자들이거나 약혼한 커플들이었다. 이 조사/설문지에는 일곱 가지 질문들이 포함되었다.

12) 통제적인 성격의 소유자들에게는 용서 요청이 상당히 거북스런 일임을 기억하라. 몹시 통제적인 사람이 용서 요청이라는 사과의 언어를 성공적으로 배우기 위해서는, 하나님, 상담자, 목사, 또는 허심탄회한 사이인 친구와 같은 외부의 도움이 필요할 것이다.

13) Joanne Kaufman, "Forgive Me!" Good Housekeeping, 2004년 11월, 174.

Part 2

Chapter 9

14) 베드로전서 2:23, Richard Francis Weymouth, The New Testament in Modern Speech (London: Clarue and Company, 2001).

Part 3

Chapter 11

15) Robert Fulghum, All I Really Need to Know I Learned in Kindergarten (New York: Ballantine, 1986), 4.
16) 황금률은 예수께서 가르쳐주신, 다른 사람들에 대한 행동 지침이다: "남에게 대접을 받고자 하는 대로 너희도 남을 대접하라" (눅 6:31).

Chapter 13

17) L. E. A. R. N이라는 두문자어는 원래 디브라 J. 슈미트에 의해 개발되었고, "화난 고객을 충성 고객으로 변화시키는 법"이라는 제목의 특별 보고서 #8에 실렸다. 이 보고서는 http://theloyaltyleader.com/special_report.iml에서 구입할 수 있다. 더 많은 정보를 원하면, www.theloyaltyleader.com에 들어가 보라.

18) Greensboro(North Carolina) News & Record, 2004년 11월 12일, A6.

19) Ibid.

20) Joanne Kaufman, "Forgive Me!" Good Housekeeping, 2004년 11월, 173–74.

21) Ibid. 그들의 단체는 Medical Induced Trauma Support Services이다.

22) Michael S. Woods, Healing Words: The Power of Apology in Medicine (Oak Park, Ill.: Doctors in Touch, 2004), 9.

23) Ibid., 17.

24) Ibid., 61–62.

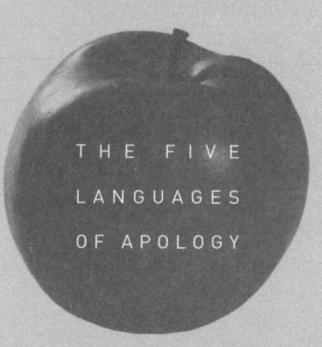

THE FIVE
LANGUAGES
OF APOLOGY

사명선언문

너희가 흠이 없고 순전하여……세상에서 그들 가운데 빛들로
나타내며 생명의 말씀을 밝혀 _ 빌 2:15-16

1. 생명을 담겠습니다
만드는 책에 주님 주신 생명을 담겠습니다.
그 책으로 복음을 선포하겠습니다.

2. 말씀을 밝히겠습니다
생명의 근본은 말씀입니다.
말씀을 밝혀 성도와 교회의 성장을 돕겠습니다.

3. 빛이 되겠습니다
시대와 영혼의 어두움을 밝혀 주님 앞으로 이끄는
빛이 되는 책을 만들겠습니다.

4. 순전히 행하겠습니다
책을 만들고 전하는 일과 경영하는 일에 부끄러움이 없는
정직함으로 행하겠습니다.

5. 끝까지 전파하겠습니다
모든 사람에게, 땅 끝까지, 주님 오시는 그날까지
복음을 전하는 사명을 다하겠습니다.

서점 안내

광화문점   서울시 종로구 새문안로 69 구세군회관 1층
02)737-2288 / 02)737-4623(F)

강남점   서울시 서초구 신반포로 177 반포쇼핑타운 3동 2층
02)595-1211 / 02)595-3549(F)

구로점   서울시 동작구 시흥대로 602, 3층 302호
02)858-8744 / 02)838-0653(F)

노원점   서울시 노원구 동일로 1366 삼봉빌딩 지하 1층
02)938-7979 / 02)3391-6169(F)

일산점   경기도 고양시 일산서구 중앙로 1391 레이크타운 지하 1층
031)916-8787 / 031)916-8788(F)

의정부점   경기도 의정부시 청사로47번길 12 성산타워 3층
031)845-0600 / 031)852-6930(F)

인터넷서점   www.lifebook.co.kr